HEART
心|視野

HEART

心|視野

你的善良必須有點鋒芒

暢銷典藏版

36則讓你有態度、不委曲，
深諳世故卻不世故的世道智慧

慕顏歌——著

「你的善良，必須有點鋒芒，否則等於零。」

——愛默生（Ralph Waldo Emerson），美國思想家、文學家

CONTENTS

目錄

第3章 你多餘的犧牲，他看不懂也不心疼

CONTENTS

目錄

第4章 你有多好，他就有多壞

第5章 你沒那麼堅強，只能獨自堅強

第6章 可以替人著想，但要為自己活

作者序
得到的是僥倖，失去的是人生

一個人能依照自己喜歡的方式去過一生，那是一件非常困難的事。我們無時無刻不被外界的聲音指指點點，時間久了，便會忘卻初心，失去了獨立思考和堅持自我想法的能力。

比起一句溫柔的安慰，我想我們更需要一盆冷水。它會讓我們清醒地意識到自己的壞脾氣、自己的小格局、自己的低EQ，還有我們自己看不清，而別人卻看得一清二楚、不願意告訴我們的一切問題。

在寫這本書的那些日子裡，我一遍遍地重複播放張懸的那首〈關於我愛你〉：

我懂活著的最寂寞，

我擁有的都是僥倖啊！
我失去的都是人生……

正如這首歌的歌詞所說的，八〇%的人，心境其實是相似的。每個人心裡都有一個死角，藏著最深的祕密。

隨著我們長大，越不信賴溫柔的安慰；我們越長大，越覺得直白和坦誠更為重要。同樣地，在這本書裡我想說的是，雖然全是老道理，但對你來說，也許都是新的問題。如果你看了幾篇之後，覺得書裡有自己的影子，也不足為奇。**當你困頓、迷惘時，剛好看到這本書，希望你能從文字裡汲取力量，不要向這個世界繳械投降**。

張愛玲曾經寫過一篇文章叫做：〈非走不可的彎路〉。她站在青春的路口，她的母親攔住她說：「此路走不得，我以前走過。」她不信，覺得母親能從那條路上走過來，自己為什麼不能？於是，她堅持走上那條路，母親只好嘆氣：「一路小心。」

當她真的走上那條路時，發現母親沒有騙她，那條路真的難走。最後，當她拚了命努力，一路堅持，終於走出來的時候，看到一個年輕人正站在自己當年站的那個路口，她忍不住像母親那樣喊著：「那條路走不得！」年輕人跟當年的她一樣，非走不可，於是她只好說：「一路小心。」

我寫的也是這樣一本、只告誡卻不勸阻，最後只說一句「一路小心」的書。文字讀來通俗簡單、易懂，每個人隨時都可以停下手邊的工作讀上個兩頁。內容也許沒有許多朗朗上口類似格言警句的話語，但無論你是誰，我希望總有那麼一兩個句子能夠點破你的處境，刺痛你的心，鞭打你的神經。

也許正是一種得到的僥倖，一種深諳世事而不世故的智慧。

在那篇文章中，張愛玲還說：「在人生的路上，有一條路每個人都非走不可，那就是年輕時候的彎路。不摔跟頭、不碰壁、不碰個頭破血流，怎麼練出鋼筋鐵骨，又怎能長大呢？」

人生是一個試錯的過程，成長也不例外。該做些什麼、走什麼樣的路，每個人都遵循著內心的聲音，一步步摸索著。摔倒了，爬起來；撞破頭，往後退；走岔路，走回來；迷路了，停下來……

面對年輕人，過來人不要患上「攔路癖」，因為攔住他也沒有用，只能跟他說一句：「一路小心。」每個人的人生都不同，每個人的人生都要自己過，每個人都有需要自己獨立去完成人生的功課。

因為經歷，所以懂得。

願天下所有不懂和懂得的人，成長不止，善良依舊！

前言

你當善良，且有力量

一個人越是善良，待人的底線應該越高。這樣才能避免縱容他人，也能保護自己。

我有一個在北京做幼教的朋友，經常一大早就要奔波在不同的城市跑業務。這天一大早，我習慣性地打開微信，果然他早早地就發了一篇文。然後，我看到了這麼一段文字：

我上氣不接下氣地趕上最早的一班列車，後背全溼透了。好不容易找到自己的座位，一位年過八旬的爺爺已經坐在那裡。

「爺爺，這個座位不是您的吧？」

「嗯，走得急，我買的是站票。趕上哪裡就坐哪裡吧。」

「爺爺，您在哪一站下車啊？」

「沒多遠，石家莊。我的運氣不錯，火車都快開了，這個座位還沒有人。」

我欲言又止，最後默默地離開，就讓爺爺安心地坐著吧。

人性中蘊藏著柔軟而有力量的情愫——善良，可以讓缺乏信任的陌生人放下心中的戒備。正如羅佐夫所說的：「人類感人肺腑的善良暖流，能醫治心靈和肉體的創傷。」

善良是一種良知、一種本性，它立足於道德之上。然而，我也不只一次見過一些場景。比如，老師給學生的評語是「他很善良」，沒有想到，家長不以為意地回應：「現在這個社會，善良有什麼用啊？最沒本事的人才善良呢！」

我想說的是，不是善良不好，是我們今天對待善良的方式不對，以至於有一段時間，微信朋友圈流傳著愛默生的名言：「**你的善良，必須有點鋒芒，否則就等於零。**」

這句話一下子就戳中了許多人的痛點。

我認識一家人。他們從不跟人起正面衝突，也從不輕易開口找人幫忙，卻樂於幫助他人。他們把「我理解，我懂」當作口頭禪，對他人的要求從不拒絕，結果往往慣縱了他人，為難了自己。所以，我對「善良必須有點鋒芒」的理解是，**一個人越是善良，待人的底線應該越高。這樣才能避免縱容他人，也能保護自己**。

我再說一個朋友的故事。

我的朋友在證券公司工作，人看起來很溫婉，溫婉當中卻又藏著一股力量。她做事認真，為人處世也異常得體。比如，遇到同事向她尋求幫助，她會先瞭解具體的情況，然後說：「我很想幫你，但要是幫你，就是害了你。這些事都是你必須要學的。所以，你可以自己處理，我相信你可以做得到。」

她說這些話的時候，態度誠懇，語氣也十分真誠，同事聽了之後絕不會怪她，反而事後很感激。

遇到有人向她借錢，一般情況下，她在不瞭解對方意圖之前，會不緊不慢地說：「這樣啊，我先回家和家人商量一下，好嗎？」

等瞭解具體情況之後，如果對方是想投資，她會回絕：「抱歉，我對投資實在不懂，我只能拿出一點點錢，實在也發揮不了什麼作用。而且，我們家裡的情況你也知道，有老有小，必須要留備用金，沒有餘力幫你太多。我相信你也會理解的。」

一般而言，對方就不會再糾纏，也不會覺得面子上過不去。如果對方真的急需用錢，她會答應借錢，還會事先跟對方講好還款的期限和方式。她認為這樣對自己、對別人都是負責任的做法。我知道她當初借錢給她在墨爾本的妹妹買車的時候，也是先幫妹妹做了一個還款規劃，告訴她什麼時候應該換新工作，然後什麼時間開始存錢，在什麼時間開始還錢。她認為這樣既幫了妹妹，也是協助妹妹的成長。

一開始，有一些同事、同學或親友會覺得，她這個人過於冷靜和理性，不是那麼率真、爽快，甚至有些人覺得她待人有些冷淡。但是，我卻觀察到她這樣做是對的。這些年來，雖然她也拒絕了一些人的要求，可是人緣一直很好。身邊的人都覺得她是一個可靠的人，非常值得信賴，所以遇到困難都願意向她求助。完全不同於我認識的那家人，一味善意助人卻費力不討好。

你可以善良，但是請不要無謂的善良。如果經過歲月的磨練，你稍微修練出一些鋒芒，反而可能游刃於人際，更從容地生活。

我已經明白了，所以我希望更多善良的人，都能懂得善良的智慧。否則我們只能把自己憋成內傷。因為這個世上，有太多所謂的低能善良。

比如，缺乏常識的善良——好心的老太太為生病的朋友推薦各種「偏方」、心懷慈悲的人把海龜帶到公園的池塘去放生。

比如，不同情受害者只同情弱者的善良——你有一個不做家事、亂丟垃圾的嬌室友，你忍無可忍發飆之後，別人卻勸你要對室友寬容一點。

比如，用妥協忍讓的方式表達「都是為了你好」的善良——某人的丈夫喝酒賭博，還沙文主義，有一天他出軌了，卻有人來勸他老婆說：「好歹夫妻一場，還是原諒他吧。」

比如，無止境的幫助卻帶來反效果的善良——升米恩，斗米仇，不願將醜話說在前頭，結果不斷借錢給親戚，幫他們度過難關，卻在要回借款的時候與他們反目成仇。

我不能為善良下一個定義，但是，善良不善良，你要自己學會去選擇。

生活不是用來妥協的，你越退縮，喘息的空間就越少；日子也不是用來將就的，你越卑微，幸福就離你越遠。你無須把自己的姿態擺得太低。屬於你的，就要積極爭取；不屬於你的，也請果斷放棄。不想做的事，不必勉強自己去做；忍了很久的事，不必一而再、再而三地忍下去。

不要再讓別人來踐踏你的底線。一味地忍讓或取悅，那不是善良，而是你不想承認的懦弱。也別做別人不喜歡、不會感激，你自己做不好也不愛做的所謂的善行。

只有挺直了腰桿，這個世界才會給你屬於你的一切。如果你的生活只是對世界察言觀色，然後滿足於眼前的苟且，如果身邊的人總是忽視你的存在，如果你的被認同是靠委曲求全，那麼請記住：**你當善良，且有力量**。

第 1 章

你以為的善良，其實只是懦弱

如果你習慣了吃虧，
習慣了沉默，習慣了委曲自己，
習慣了不拒絕別人，
你便會忘記其實你可以有態度、
可以有觀點、可以有能力、
可以過你想要的生活。

01　與其明哲保身，不如立場鮮明

問題在於，我們混淆了明哲保身和懦弱的界限

我常在想，我們生活在一個由人構成的群體環境，不得不將精力用來處理人際關係的問題。本來溝通是為了消除隔閡，增進瞭解，透過配合彌補單一力量的缺陷，最大限度地發揮力量。

然而，現實中我們看到的，卻是彼此抱怨或人為設置的障礙。總有一些人似乎站著說話腰不疼，毫不顧及自己的言論，其實只會讓壞人更加無所顧忌，讓好人明哲保身，活生生地將善良逼成了怯懦。

於是，我們常常會面對一群好人欺負另一個好人，其他好人卻坐視不管的現象。比如：醫患間的緊張關係，讓許多本性善良的醫生只好選擇少做少錯，處理病情時瞻

前顧後，醫術也沒有提高，最後的結果就是：不利於病人的及時救治。

前一陣子，我在網路上看到一則關於產婦憂鬱症的文章。發文者講了一個患憂鬱症的產婦殺死孩子之後，絕望自殺的悲劇。看的時候，我的心情十分沉重。隨後看到有一堆人轉貼，其中夾雜了各種無意義的指責。

有人說：「不就是生個孩子嗎？哪來那麼多事？當初，我不知不覺就生了。」有的人責備自殺的產婦心理變態，因為她當初生孩子感覺很快樂。

面對這些人和他們的言論，我真的很無語，本來大家要討論的是產前／產後憂鬱應該關注的話題，引導大家關心這群人。沒想到引來一大群人用自己的正確來反證產婦的錯誤，也許他們是正確的，但是，從中卻反映出他們對生命的漠視，這恰好是人性中最大的惡。

我從中看到的還有更大的悲哀。首先，不能武斷說這些人就是本性壞，不是好人，有可能這些人完全無法明白別人的感受。每個人的情況各不相同，當事人生活中所經歷的某些困境和打擊，對這些評論者來說或許並不是雞肋，因此，他們會推測若同樣的事情發生在自己身上，不會造成多大的實質性傷害，所以他們對產婦的行為表示不理解。

於是，他們動不動就評論：「那些事情我也經歷過啊，沒那麼難啊！」「我們也感受過啊，沒那麼痛啊！」他們只相信自己的感受，如果別人的感受與他們不同，反應太過強烈，便認為人家有病，表現得軟弱了，便認為人家矯情。本來我還想說個兩句，我們應該關注的是產後憂鬱這個現象，而不是對產後憂鬱的人橫加指責，一想到那些人的極端、偏執，便覺得多說無益，就放棄了。

透過這件事，我也在反思，**為什麼生活中總是會遇到一些從未真正解決的沉默困局**。

按理說，中國人的聰慧從來不遜於其他種族，其中難免魚龍混雜，一些生存智慧，除了向來我們引以自豪的勤勞能幹、善良包容，還不難發現一些市儈哲學、投機思想。比如，韜光養晦，這本是一個具有智慧的詞語，現在卻變成了該怒吼時不怒吼，該出手時不出手的犬儒主義代名詞。

我也是其中一員，所以明明看到了那個論壇的謬論，最後還是選擇了退避三舍，不敢理直氣壯地表達自己的立場。

從古至今，只要人多的地方，「劣幣驅逐良幣」的狀態都普遍存在。最終的結果往往是，不講規則，肆無忌憚，真正善良的人反而不能說話。因為一說話，不管對不對，都會遭到排擠。

我們選擇趨利避害的生存智慧本沒有錯，問題在於，我們逐漸混淆了明哲保身和怯懦的界限。比如，看到馬路上一位美豔的女司機被男人毆打，你身為路人該怎麼辦？看到一個老實的孩子被同學圍毆，你身為路人又會怎麼想？

雖然被問到這類的問題時，我們可以毫不費勁地把自己代入那個情境，去想像自己的情緒反應和生理反應，然後給出一個傾向道德標準的回答。然而事實是，大多數的人會選擇保持沉默。沒遇到事情時，一切都不是問題，一旦身臨其境，可能所有的節操都支離破碎。

不是所有善良的人都能經得起壓力的考驗，正如電視劇裡的叛徒說：「雖然我失去了尊嚴，但是我還活著。」（而烈士則會說：「雖然我死了，但還保有尊嚴。」）

當你越常選擇明哲保身，就不要怪你在別人的眼中漸漸地喪失了立場。好好先生的評語，也許是朋友、同事對你的誇讚。本來你覺得還不錯，如果有一天，你得知馬路上那個被追打的女人是你妻子，校園裡那個被圍毆的孩子是你兒子，你是不是還要裝睡下去？你是不是希望社會上這種好好先生少一些？

我相信，每個人內心肯定有一個壓抑的自己，他一定在渴望著：行事但求無愧於心。論是非，不論利害；論順逆，不論成敗；論一世，不論一時。

02 你那麼好說話，其實是沒原則

你那麼容易受人指使，
其實是錯把沒原則的寬容當胸懷。

你從小被人稱讚：「性格好、沒脾氣、文文靜靜。」雖然你沒有很喜歡，但也不會想太多。**等你工作了幾年，在人際交往中一次次地受傷，你可能會覺得，還是本性善良、但個性鮮明又會發脾氣的人，過得比較好。**

雖然你儘量避免與他人起衝突，雖然你的朋友也不少，雖然有些事在別人看來就該生氣，而你卻覺得沒什麼，但是你終於慢慢地發現，這樣的你讓別人不知道你的原則在哪裡，而變得不再重視你、珍惜你。

季小堂打電話給前同事，前同事說：「真懷念你啊！你走了，天氣這麼熱，都沒有人幫我買可樂了。」這一句話讓季小堂的心情跌到了谷底。

季小堂剛進公司的時候，為人熱情大方，大家都喜歡找他幫忙，而季小堂從來都是來者不拒。平時他總是早早地就到公司，打掃辦公室。聽到誰說一句：「我沒吃早餐，好餓呀！」他就會主動拿出自己的餅乾送過去。有時，假日還會幫同事收快遞或處理工作。炎炎夏日，他經常帶冰鎮的可樂來公司分給大家喝。

隨著工作量漸漸增多，季小堂無法再像以前一樣幫同事了，抱怨聲卻隨之而來，有的人還當面尋他開心：「小堂堂，趕緊去倉庫領一包影印紙，我們等著用！」礙於情面，季小堂還是默默地照做了。

後來，主管開始吩咐季小堂做一些工作之外的雜事。比如，去車庫幫他搬東西。結果，季小堂才剛出辦公室大門，就被出差回來的經理撞了個正著。經理問季小堂去幹什麼。為了不給主管添麻煩，季小堂就說去購買辦公用品。結果經理不知從哪裡得知了事情真相，就把季小堂叫去辦公室訓了一頓，說他身為人事部行政人員，連誠信兩字都做不到，又怎麼能管理其他人呢。

季小堂無言以對，遞交了辭職，背著好人二字的他，丟了工作。

人在職場，很多人也會遭遇到類似有苦難言的情景。上司把很多跑腿的事情交給你，你會糾結於，他是重視你、想跟你親近呢，還是覺得你好說話？同事故意說話刺激你，你會想他是覺得你好脾氣、不會生氣呢，還是利用你好欺負，發洩他的憤懣？

有時候，你甚至會懷疑自己：**說好聽一點，是性格好、沒脾氣，說得難聽一點，就是沒主見**。

你在任何場合都微笑示人，人家可能覺得你沒個性，下意識地就開始輕視你。你對朋友有求必應，放棄自己的安排，滿足他們的邀請，等下次你不答應的時候，人家便覺得你不夠意思。你心無城府，多次借錢給同事也不好意思催帳，結果他們習以為常，你倒是被逼入兩難的境地，要錢嘛，怕傷感情；不要錢嘛，又白白遭受損失……

就像季小堂，**他那麼容易被人指使，無非是錯把沒原則的寬容當胸懷，所以不懂得拒絕**。他是喜歡照顧別人來確定存在感的那種人，所以往往既不好意思拒絕別人，又害怕被別人拒絕。於是，心裡想說「不」的時候，卻言不由衷地冒出「好」，生怕直接說出「不」，會傷了自己的自尊，也對不起別人。

其實，自尊取決於我們是否能夠接納和喜歡自己。不願意說「不」、害怕傷害別人的人，通常也很在意被別人拒絕。這類人容易把被拒絕，理解成別人對自己不喜歡、不重視，甚至不尊重，更糟糕的是，隨後也會覺得自己似乎沒那麼重要或者沒那麼好。而這種拒絕激起的無力與無能感，隨之引發憤怒、傷心的情緒。他們總是寧願委曲自己，成全別人，難怪會活得那麼糾結。

這樣委曲自己，強迫自己的背後，並非真正心甘情願，而是隱藏著一個「你也不要拒絕我」的心理期望。因為害怕被別人拒絕，所以不敢拒絕別人。又因為身邊的每一個人都希望得到不被拒絕的善意，於是我們開始失去原則，無底線地向身邊的人和事妥協，甚至最後我們也開始討厭太過殷切關心他人的自己。

就這樣，你在人際交往的過程中，逐漸喪失了原則，被別人發好人卡，你越來越難以把握哪些事是必須堅持的，哪些事是可以寬容的。然後，**你不敢說「不」，不好意思說「不」，不會恰當地說「不」，你被所謂的本性善良裹挾前行，你變得看不清事情，沒主見**。

寬容不等於沒原則，你應該有心胸，也要守住底線。當你能夠從容地拒絕別人，你就會知道大多數時候拒絕並不是有意傷害，相反的只是誠實地表達自己的意願。

回想一下，不管是家人還是自己最好的朋友，對你提出大大小小的要求時，你有說不的時候嗎？即便嘴上沒說，但心裡卻不樂意嗎？你是否認為，如果你拒絕了他們，就說明你不愛他們或者不在乎他們嗎？

反過來想也一樣，別人即使在某件事情上拒絕了你，並不等於他們不在意或不看重你，只是他們真的不願意或根本無法做到。

允許自己拒絕別人，才能真正接受別人對自己的拒絕，就如同認定自己有罪的人更懂得寬恕一樣。一個人懂得尊重自己的意願，也常常願意把這樣的尊重給別人。

難以拒絕，可能是因為你覺得只有不斷地順從別人才能彰顯自己的價值。如果我們習慣透過別人來肯定自己，也就活在別人的眼裡和嘴裡。當來自別人的肯定成為必須，與其說我們是在肯定自我，不如說是在否定自我，到最後，你會發現，你已經沒有肯定自己的力量。

建立個人的邊界，確立自己的原則，敢於說出自己的真實意見。雖然在一定程度上會導致我們在剛開始與他人交往時產生不愉快，但是只要我們足夠真誠、態度堅定，他們遲早會認可和尊重我們為人處世的原則。

在不觸碰底線的前提下，一切對錯、好壞、喜歡不喜歡都可以接納、包容、理解。你要做一個讓自己快樂也讓別人欣賞的好人，而不是濫好人。

03｜善良，有時不過是弱者的擋箭牌

什麼時候，善良變成了不用講道理的擋箭牌？做一個善良的人，比做一個講道理的人輕鬆。

雖然世上很多人都有自私的一面，但我發現身邊很多人，完全不問事情的起緣，就自顧自地站在看起來比較弱勢的那一方，動不動就標榜善良，然後給別人套上「你應該善良一點」的枷鎖。

以下的場景，或許很多人都聽說過，甚至親身經歷過。

你結帳的時候，有一位年長的人插隊，當你和他理論，身邊就有正義哥站出來說，做人不要太斤斤計較，又沒什麼，讓他一下不就好了。你的工作夥伴事情沒做到位，給你帶來很大的困擾，當你因此發飆的時候，她流淚飛奔出去。那麼，不用半天，你嘴不饒人、把人活活罵哭的名聲可能就傳遍了全公司，然後有一群正義姐會來告訴你，都是同事，你應該大器一點。

「他都那麼可憐了，你就不能善良一點？」

「我已經給你賠笑臉了，你還想怎麼樣？」

真奇怪，什麼時候善良，變成了不用講道理的擋箭牌？

當年我讀大學的時候，曾經與人一起合租。合租的那位算是富家女，據說上大學之前都是住在家裡，連垃圾都沒有倒過。所以從合租的第一天開始，她不打掃房間，不叫瓦斯、不付水電費、不洗碗，更不用說刷馬桶，簡直就像住旅館一樣，她是一位傲驕的公主，而我就是她的服務生。

後來，我生病了，在床上躺了一週，她就讓垃圾在家裡堆了一個禮拜。我實在忍無可忍了，爬起來把屋子打掃了一遍，扔掉了所有的垃圾，把堆在水槽裡的碗盤全洗了。結果她帶了外賣回來，吃完之後，照樣杯筷碗盤全堆在水槽裡。

我一下子怒火中燒，發了飆。結果她四處跟人說，我多麼不近人情，她那麼可憐，長這麼大第一次離開爸爸媽媽，本來就什麼都不會，而我從小就獨立生活，什麼都會，卻不肯對她包容一些。於是有同學來勸我：「你應該寬容一點、善良一點。」我哭笑不得。你可以想像，我除了無語，還能解釋什麼？

後來，我出了社會工作，我發現這樣的事情越來越多。有些人，根本就沒有獨立思考的能力，只要站在可憐的那一邊就好了，多麼簡單！我想，他們之所以標榜善良又給別人套上善良的枷鎖，**因為做一個善良的人，比做一個講道理的人輕鬆**。

我有個好朋友，談戀愛的時候男友劈腿。幾年之後，前男友和新歡結了婚，似乎過得不幸福，而且還不幸得了病。反正結果就是他來找我的朋友借錢，說是要救命用的。我朋友不假思索就拒絕他了。然後，也有人跑來勸她：「你應該善良一點，無論以前發生過什麼，現在畢竟是救一條命。」

跟我說起這件事的時候，朋友敲著桌子大罵起來。我知道她為什麼要罵。那年，因為他劈腿，兩個人分手，萬念俱灰之下她自殺了，還好家人及時發現，送她進醫院搶救了回來。她自己這條命，也是命！

現在網路發達，看得多了，你自然也就明白了。那些新聞評論裡總有人說：「如果有錢，誰會去搶劫呢？」其實，這些見別人被搶劫、被欺騙、被背叛、被壓榨，號稱仍舊應該寬容的人，當自己利益被觸犯的時候，往往是最跳腳的那些人。

他們希望這世界上越來越多的人不懂得據理力爭，這樣等他們想要不講道理的時候就沒人反抗了。有些人覺得反正被傷害的又不是他們，正好可以借機宣揚一下，自己有多麼深思熟慮和心懷慈悲。

無知即惡。這世上有些東西，起因比結果重要，但有些事情，真的是結果永遠重要大於原因。比如，傷害他人；比如，侵占他人的利益。

想通了這個道理以後，我就選擇不要將自己的善良送給不講道理的弱者做擋箭牌了。我不再想聽誰說，他是無心之失，他是好心，他只是不知道、不懂，所以我們就應該理解他、原諒他、善意地對待他。

我只要做一個講道理的明白人，我只在意真正的善或真相。我不想順從某個人的勸說，然後沒有原則地從眾而行，做那個既委曲自己，又縱容「弱即是有理」的人。世上最可笑的，莫過於真正負責任且善良的人，居然因為所謂的善良之名而寸步難行。

04 — 醜話講在前頭，並不醜

一直努力成全別人，
卻忘記了最應該成全的人是自己。

妹妹想買車，開口跟月入人民幣五千元的阿琪借人民幣五萬元。阿琪不好意思拒絕，四處湊錢給她。之後每個月阿琪都得勒緊褲帶，精打細算地過日子。苦熬了一年，阿琪還清了欠債。沒想到，妹妹又來找她借錢買房。

阿琪一怒之下說：「要錢沒有，要命一條。」姐妹大吵了一架，妹妹賭氣賣掉車，將之前借的錢還給阿琪。然後，好長一段時間妹妹都不跟她說話，但是阿琪卻有一種無法言說的解脫感。

你是不是也是這樣，一直在努力成全別人，卻忘記了最應該成全的人是自己？

而且，你明明有自己的想法，礙於情面不事先說清楚，導致最後往往是傷人傷己。

有時，**醜話說在前頭**，反倒有可能避免事情向不可控的方向發展。更何況，你無須把自己的姿態擺得太低，不想做的事情不必勉強自己去做，一味地忍讓和取悅，那不是善良，而是懦弱。**在你能力範圍之內，你可以伸手幫忙；超出能力範圍的，要果斷拒絕**。這是一種對風險和責任的確認，沒有人應該為了成全別人的欲望而委曲求全。

現實生活中，很多人不敢說出自己的真實想法，不敢事先把所謂的醜話說給別人聽。就像我的同事張青和李意佳。兩人剛認識不久，張青就今天讓李意佳幫她做簡報，明天讓李意佳幫她寫企劃案，後天一起吃飯還讓李意佳買單。李意佳其實並不願意這樣被人指使，但苦於不好意思開口，默默忍受了半年，最後實在沒辦法了，只能到公司儘量躲著。結果這樣的行為引發了張青的不滿，她開始故意跟李意佳作對，讓李意佳在公司非常不好做人。

人際關係包括工作關係，我們與人相處也應該先小人後君子，自己不願意承擔的壓力、不願意忍受的委曲，不想獨自面對的問題，在一開始就跟同事講開，才能避免以後的工作因為一些小事引發衝突。

雖然很多話事先說出來似乎不太好聽，但是可以讓我們的交往回歸理性，消除資訊不對稱所帶來的失望和憤怒。

生活中許多的矛盾，其實都是沒有把醜話說在前頭所引起的。我們顧忌別人的感受，不想讓人難堪、失望，這固然是一種難得的美德，但是如果一味地順從別人，害怕說出自己內心的想法，正說明我們對別人的肯定和贊許過於依賴。換句話說，就是我們缺乏自我肯定和欣賞的能力。因為向內求不得時，就會不顧一切地向外索取，透過不斷地對別人說「是」，來維持一種成癮性的虛假自尊。

還有一種情況，是作為對善意的回報，我們也能得到別人的肯定、感激和認同，然後獲得一定的價值感和存在感。但是，當我們決定順從別人時，實質上存在一種心理暗示：我們不用為自己的行為負責了。不管這樣的決定是不是合理，是不是理性，是不是會產生難以預料的後果。

委曲求全做出各種妥協行為而感到後悔的小莉說，她一直都沒有想過，自己和男朋友的浪漫愛情，竟然有一天差點被打敗。

小莉的家世良好，跟男朋友交往的幾年裡，雙方感情也很好。但是等到論及婚嫁的時候，她發現男方父母對兩人居住的問題避而不談。

本打算和男方共同出資買房子的小莉想著，反正都是一家人了，以後什麼都好說。所以她獨自承擔了婚房的頭期款和房貸，房屋登記卻寫上兩人的名字。她打算之後再和男友家人一起設法償還房貸。

臨近婚禮，小莉才得知，男友的父親生意失敗，負債累累，是銀行信貸的黑名單。關於怎麼繳房貸的問題，她希望男友給點意見，但男友卻說，事實就是這樣，家裡肯定指望不上，他也沒有辦法。

小莉無助而迷茫，男友竟然不願意站在她的立場考慮問題，這個婚還要不要結？這個男人還值不值得嫁？

我建議小莉，當下她最應該做的是確定男友的決心。畢竟，她要嫁的是男友，不是他父親。男友父親的債務與他無關，他父親上了銀行的黑名單也不會株連到他。一旦父親的公司宣布破產，無非就是需要供給老人基本的生活與醫藥費罷了。如果她不怕將醜話說在前頭，就先跟男友立下書面協議，說明房產問題和將來贍養老人的問題，力求保證兩人婚後的家庭經濟不受影響。與其將來被絆倒，進退兩難，還不如一開始就把條件都列出來，去留皆有備，得失不住心。願意嫁，就擺明態度，守住底線，沒什麼了不起；不願意就一拍兩散，再不往來。

兩個人在一起，最能記住的是最近說的話，而不是當初的承諾。當你一開始就孤注一擲，失去了自我的底線時，你也就失去了平衡兩人關係的機會。而健康的人際關係，取決於依賴和獨立的平衡。小莉聽從了我的建議，學會了對自己說「是」，對男友和他家人說「不願意」時，她沒想到這種感覺好極了，而且事情也順利進行。

男友的家人畢竟知道自家的事，他們已經是那樣的狀況了，更是盼著兒子能有個好歸宿，自然事事都答應，任何話都可以說在前頭，包括簽訂婚前協議書。如果按照小莉之前的想法去做，最後還真的有可能兩人的愛情和婚姻都得不到好的結局。

這件事過後，小莉說平生第一次發現，原來尊重自己的感受根本不需要理由。忙不過來的時候，她可以禮貌地跟同事們說，本週工作已排滿，請大家將需要交接的工作向後排；工作太累了，回到家，她也可以跟丈夫提出今天不做家事；專案碰到問題了，她也可以主動去找上司請求幫助，或者一開始就有理有據地爭取更多的支持……

除了心情感到輕鬆，最讓她意外的是，同事、朋友和家人不僅沒有遠離她，而且開始在事前就徵求她的意見。她發現自己不但沒有被邊緣化，反而得到了更多的尊重和重視。

當你邁開自己的雙腳，你會發現別人的反應並沒有你想像中那麼糟糕。**表達真實的想法，不依賴、不取悅，可以讓我們的生活從別人的眼中回到自己的手中。**只有學會自由地奔跑，才能盡享生命的陽光。

05 一 做人要學著適度零容忍

有時候，善良不能沒有鋒芒，否則等於零。

你是不是和我一樣，自認為是一個很善良的人，有時甚至還會懷疑自己是不是有一點懦弱？因為每次遇上什麼好事，都不會去跟別人爭。倒不是因為爭不到，而是覺得這樣做有失風度。能幫別人的時候，也會儘量去幫，哪怕知道被騙了也不會去拆穿人家。

你是不是從小就聽別人說「善有善報」，然後現在和許多人一樣，越來越不敢相信純粹的善良與正義？

我有一個朋友，跟我關係很好。他們一家目前就住在一間不到十八坪的房子裡，環境很一般。朋友已經二十幾歲了，還沒有自己的房子。她的父母以前在某家福利很好的公司工作，那時候公司有分配宿舍，她的父母本來可以分到兩間套房，一人一間（當時還沒結婚），但是他們沒有申請，覺得不想占公司的便宜，而且結婚以後只要一間房子就夠了。

最後公司狀況不好，她的父母自謀出路了，連一間房都沒拿到。

後來，她的爸爸做生意賺了一些錢，買了一間房子。本來打算留給她當嫁妝，結果他們有個親戚要娶媳婦，來訴苦說買不起房子，又哭又鬧。她爸爸沒辦法就把房子賣給了親戚，也沒多要錢，有多少錢買就多少錢賣了出去，想著過幾年再賺點錢給女兒換個大一點的房子就好了。

沒過幾年，房價暴漲，然後她爸爸的生意也不好。她想出國讀書，但是家裡拿不出那幾十萬，所有的親戚朋友，包括那個買了他們的房子的親戚都說沒有錢，也不願意借錢。畢業那天，她哭得很傷心，她說她一直都想出國，想看更廣闊的世界，但是她去不了，因為不能再增添父母的經濟壓力。

朋友一家的家風很好，待人友善，做生意也本本分分，為什麼落得這般光景？說好的善有善報呢？還是說，她或者她的父母不夠善良呢？

也許很多人還是相信有純粹的善良和正義，只是越來越多的人不會再這樣做了。周圍很多人都表現出冷漠、貪欲和一味索取的時候，**善良如你我的普通人，付出的善意越多，他們的貪欲就有可能越大**。

我再講一個以前的故事，你就會明白，為什麼我會告訴你這樣的道理。

我高中的時候在外縣市借讀，認識了一個同鄉的朋友。他的家境不是很好，人也有點自卑。在家世方面，我從來是有意避開不談，不希望知道太多他的私事帶來尷尬。大家一直就只是因為共同的興趣走在一起。

然後我們一起準備高考，在同一個補習班上課。每天都要補習，中午不回家，一週七天，大概五天都是我付兩個人的飯錢。本來家裡給我的錢也不多，但是我覺得這樣做也沒有什麼不好，畢竟他的家境確實差，我們又是朋友，所以從未有過一句怨言，就這麼幫他付了半年多的飯錢。

後來，我們要一起回老家參加高考，家裡擔心兩個小孩不會照顧自己，所以就給了我人民幣幾千元，還讓我帶了一張信用卡，交代我說要住好一點的酒店，考試就搭計程車過去。他身上大概就只帶了人民幣三百多元。基本上從回老家第二天開始，幾乎全程都是我在出錢，住宿、車資、餐費……連返程的車票都是我買的。我也從來沒有因為這些給他臉色看……我從來沒有覺得我幫他付錢是一種善良，只是覺得我們是朋友，這是我應該做的。

我們最後考進了同一所大學，只是不同科系，教室離得很近，有時還一起上共同科目。沒想到，我竟然聽到了一些流言，說他家如何如何有錢，回老家高考的時候住的是什麼酒店之類的。

一開始我真的沒有在意，我知道他以前有點自卑，現在上大學了，基於男孩子的自尊心和虛榮心，他那樣說我也覺得可以理解，畢竟也沒有造成什麼危害，於是，我沒有揭穿他。直到大三的那一年，我的同學跑來跟我說，他在背後跟人說我欠他錢。我的第一個反應是不可能。後來，我去問了他們班上的同學，才知道他真的這樣說，而且說的時候還表現出一副，「沒辦法啊，那麼多年的朋友了，難道真的去跟她要」的表情。

我覺得莫名其妙，怎麼都控制不住怒火。我找到他，當著所有人的面執問，我什麼時候欠他錢了？但是他的反應卻讓我心寒。他先是不承認說過這樣的話，看著是躲不掉了，又變得理直氣壯：「就算我說了又怎麼樣？妳敢說妳從來沒用過我的東西？」

當時，我憤怒地說了一句：「要是沒有我，你準備高考那年就已經餓死了！」結果呢？從此他有了更好的說辭，那時他是沒有什麼錢，不過就是吃過我幾頓飯，我就一直記到現在，當時他真的應該餓死算了。

人生的旅途上，你一定會碰上一些奇葩的人和事，除了自認倒楣，可能讓你連吐槽的力氣都沒有。我想說的是，有時候，善良不能沒有鋒芒，否則真的等於零。越是善良的人，底線越要高一些，才不至於縱容他人；越是善良的人越要懂得拒絕，也算是保護自己。

善良如你我，有時得在事情變壞之前，要學著適度零容忍。

06 — 善良是一種選擇，需要的是智慧

聰明是一種天賦，善良是一種選擇，
後者比前者難得多。

有一本書叫《自私的基因》（*The Selfish Gene*），透過生物學的解釋，探討什麼是善良、什麼是正義、什麼是道德的一本書。

我就不賣弄學問了，反正我也沒看懂。按照我的理解，自私雖然是推動優勝劣汰的一種心理動機，然而，**善良也並非一種不適宜生存的屬性，它具有一種大愛的智慧。**

有時候，一個人有善心善行，不表示他已經領悟了善良背後的真諦。他可能是因為受道德教育、宗教、家庭的影響，或者為了追求社會的認同，所以願意行善。總

之，最終所有的因素綜合形成的結果就是，他做了好事，心裡好過些。

我覺得，這叫良知。不是每個人都要知其然，還要知其所以然，大部分的人心中，都有一些不需要求證就相信的結論。這個結論叫做「信念」。

那麼，為了讓自己心裡好過而做些善事，是自私嗎？當然不是。為了讓自己心裡好過而做不好的事情，才叫自私。中國傳統文化歷來追求一個「善」字。「人之初，性本善。」待人處事，強調心存善意、向善之美；與人交往，講究與人為善、樂善好施；對己要求，主張獨善其身、善心常駐。我記得一位名人說過，對眾人而言，唯一的權利是法律；對個人而言，唯一的權利是善良。

不過，有的善良，卻是一把雙刃劍。有一種善良叫「低智商的善良」，你付出了，犧牲了，最後還變成了壞人。這樣的善良，有時其實是一種傷害。

剛工作不久的王靜，一開始因為青春可愛、熱情大方，頗得幾個愛占小便宜的同事喜歡。那時，同事很喜歡找她聊天，她放在桌上的巧克力，沒打招呼就拿來吃、三天兩頭地想辦法敲她請客吃飯，有的甚至直接要求她每天多帶一份早餐。這一切王靜都默默地忍著，反正人在職場，總有交際，總要開銷。

後來，有同事見她好說話，又找她借了人民幣兩千元。大概過了半年吧，同事還是沒有要還的意思，後來，王靜住的地方房租漲了，於是她鼓起勇氣跟對方要錢。沒想到同事臉黑了：「我剛給家裡寄了一筆錢，實在沒錢還你。下個月吧。」

王靜無可奈何地同意了。過沒多久，那個借錢的同事就離職了，走時連個招呼都沒有打一聲，之後，就再也沒有和她聯繫。從此，王靜開始學著不要隨便善良了，結果所謂的朋友就開始嘀咕說她小氣。

沒有人不討厭占便宜的人，只是礙於面子，不好意思說罷了。斗米養恩，擔米養仇。一開始的過度慷慨，讓別人覺得從她那裡要的一切都理所當然，而她的付出，在他們看來，也許就不是善良，而是愚蠢。我們的行為可以引發一連串的連鎖反應，所以該出手就出手，該反擊就得反擊。一個長期被欺負的人，只要有一次奮起還擊，以後欺負他的人自然會少一些。

還有一些低級的善良，是施善的人沒有發現別人真正的需要，這時的與人為善，只是在滿足自己的情感需求。比如，真正需要尊重和平等對待的是殘疾人士，有的人會異常熱情地幫助他們，表面上這些施以援手的人確實關懷備至，十分慈善，實際上卻是讓那些殘疾朋友意識到自己的特殊和不幸。

有一種人認為自己善良，所以即使做了壞事，別人也沒有責備自己的理由。一個四十多歲的成人，出於好意想幫家裡分擔經濟，於是輕信金融騙子，把家中僅有的存款都拿去投資了某一支聽說會重組的股票，結果虧得一塌糊塗。她分明是做錯了事，卻不承認，半晌憋出一句：「我也是為了全家人好。」言下之意，既然我是出於好意，你們就該原諒我。

熱情的辦公室大姐，每天拉著你聊天，讓你工作做不完，或者是每天寄給你心靈雞湯文章打擾你休息的同學。他們讓人惱怒的地方，不僅僅是實際上造成你的不便和不爽，還在於他們是基於善意，你沒有辦法責怪他們。

真正善良的人可能只在乎是不是做了一件好事，而不在乎別人是不是認為他做了一件好事。**真正的善是在充分瞭解和審視事實之後，做出能帶來最好結果的選擇。**

我聽過一場亞馬遜創始人傑夫·貝佐斯（Jeff Bezos）的演講。他的演講一開始便說了一個故事。貝佐斯小時候跟我們一樣犯過一些小錯。有一次，他在奶奶抽菸的時候，居然試圖用一個數字估算，告訴奶奶抽菸對身體造成多大的傷害。結果害得他奶奶大哭了起來。

後來，他的爺爺知道了這件事，對他說了讓他銘記至今的話：「傑夫，善良要比聰明難得多。」（Jeff, it's harder to be kind than clever.）就是因為這件事，貝佐斯才說了那句鼎鼎大名的話：「聰明是一種天賦，善良是一種選擇。」（Cleverness is a gift; kindness is a choice.）

在貝佐斯的演講裡，他說，原本他期待自己能夠獲得「傑夫，你真聰明」（Jeff, you are so smart.）這樣的評價。然而，kindness 並不是像中文「善良」的字面意思那麼簡單，它還包括了同理心、包容度，和對任何人的那種尊重。

我十分認同貝佐斯的說法。「clever」是天賦，而「kindness」是一種選擇，後者要比前者難得多；諸位都應該見過「clever」但不「kindness」的人。我知道，聰明的人一定不少，但是坦率地說，能一直堅持善良的並沒有那麼多。但是我們千萬不能因此就放棄選擇善良！

第 2 章

說好的「吃虧就是占便宜」呢？

你無須將姿勢擺得太低。

屬於你的，要積極地爭取；

不屬於你的，也請果斷放棄。

07 — 現實這麼殘酷，拿什麼裝無辜

生活就是，不操這個心，就得操那個心的愛恨糾葛。你當不攀附，不將就，不強求。默然相愛，寂靜歡喜。

一位小姐堅持自己很善良，除了希望家人按著自己想要的方式寵愛自己、男朋友也能讓自己依靠之外，她沒有什麼欲望。反正，「男人嘛，就是應該出去打拚，養活自己的女人和小孩。」她身邊的女孩都想結婚之後當個全職太太，相夫教子。至於這樣的生活可能存在著跟社會脫節的風險。她心想，不是還有網路嗎！自己完全可以透過網路瞭解社會，不必要參與社會上的鉤心鬥角，她也不想終日為了工作奔命。

在她看來，社會太複雜，職場太艱辛，她只希望過得簡單一點，工作不工作，倒是其次，無論如何，她不想為了五斗米折腰。當然，世界上總有像她這樣的人，能

遇上難得的美好與幸福。

男生出身高貴，長相俊美，談吐不凡，已經是某某銀行的主管，在北京擁有幾棟房子。雖然小姐的家境普通，也算不上大美女，但兩人交往以來便十分恩愛。結婚多年，出門仍然是十指相扣、形影不離。小姐還真的過著有錢花、且隨便花的日子，而且更難得的是，男生連家務事也很少讓她做。她生活中有什麼難事，只要告訴他，就什麼都不用擔心了，因為他會扛住所有的風雨。

但是，這樣的個案，大概比中五百萬彩券的機率還低。當然，我們都想在對的時間遇上對的人，過上想過的生活，但現實中經常上演的是一齣齣殘酷的戲碼。

也許，這是你一生最黑暗的時期：父母剛去世，你還沒有從悲哀中走出來，孩子又生了病，丈夫也準備和你離婚；也許，這是你必須要面對的慘澹人生：升職失敗，體檢又出現腎病，好不容易做完手術，家中的長輩患上了惡疾；也許，這是你生活中正發生著的倒楣事：剛剛借了一筆錢支付孩子的學費，但那個不懂事的死孩子，竟然跟同學打架被學校開除了，氣急敗壞的你開車出了車禍需要照顧，家人卻不聞不問。

我應該不需要再列舉更多的例子，你大概就能看到生活中可能面對的各種艱難和絕望的處境。在你最困難的時候，哪怕是最親近的人，很可能都沒有人伸手拉你一把。你不僅要獨自對抗不可逆轉的生死離別，還要打起精神和不可知、不可說的生活開戰，只要你還想活下去。

現在，你對人性有所瞭解之後，你一定不會再傻傻地認同「單純有理」。**生活就是一場自己的戰爭，沒有人可以不去面對人生的殘忍**。就像生存遊戲《這是我的戰爭》（*This War of Mine*）一樣，在特殊的人生境遇裡，你可能不得不獨自面對資訊封鎖、物資匱乏的狀況，以及這種境遇中表現出的人性之光或道德淪喪。你一切的經歷，甚至死亡都可能是意外的、隨機的、超乎預料的、無可奈何的、不能逆轉的，你無法、也不可能置身事外。而這才有可能是很多人在某個時刻，不得不面對的人生真相。希望被善待，一直被溫柔地照顧，當然沒有錯。但是，這樣的希望並不足以讓我們做好面對生活的準備。

已婚的男人糾纏異性，害得一個無辜女人被他嫉妒的老婆當小三追打；男人對女友說完永遠愛你，又把這句話複製轉發給另外幾個美女。這樣的戲碼不時上演著。如果你指望自己在千般委曲、萬般遷就之後，可以換來一個人承擔你生活中的所有危機，我只能說，你真的是好傻好天真。真正有良心的人，並不需要祈求，他自然會願意傾其所有去給予。

在香港作家亦舒的某部小說中，有人問一名男子為何對女友這麼好，男子回答，他想到未來女友要為他生育兒女，將受那樣多的苦，就會忍不住想對她再好一點。能這麼想、這麼做，真是一個有良心的男人。

中國男演員葛優在某個場合談到自己的婚姻時，也曾說：「我們當時的經濟基礎很不好，誰也不圖誰什麼。後來有沒有碰見比她更好的？有。但是我們在沒沒無名的時候就同甘共苦，實在做不出再婚換人那種事。」

然而，**生活就是不操這心，就得操那心的愛恨糾葛**。即使你萬般幸運，像前文的那個小姐一樣，真的遇上了一個捨不得讓你受苦的男人。如果他沒能力怎麼辦？如果他落魄了怎麼辦？**如果他意外往生了怎麼辦？如果不做好面對真實生活的準備，突然遇上了世界的殘忍，你怎麼辦？**

我們沒有機會坐等誰的善良來抵擋我的風險。無論如何，我們都應該在能自立的基礎上，和人相處，和人相愛。也許獲得這樣的能力，你得付出很多，但是你因此獲得了戰勝人生各種困境的能力，更從容地直接面對了生活。否則，你所有的表現，只是在裝無辜，只是打著我想要簡單生活、我的善良可以被溫柔以待的名義，放縱自己的天真或者無能。

極高明而道中庸，唯大智者才能單純而平和。古人曰：「大智若愚。」能如嬰兒般天真，而通透地做人處世，不糾結，不自找苦吃，兵來將擋，水來土掩。不去指望別人，溫柔而堅韌地過自己的生活，這才是殘酷世界裡的正經事。

愛恨合力，轉動著命運之輪，到頭來，苦苦地執著，也沒能把秋天熬過。所以，你當不攀附，不將就，不強求。默然相愛，寂靜歡喜。

08 — 你以為的付出，是你以為的嗎？

如果身邊人都對你關上門，
很可能是因為你心中從來沒有容納過別人。
無意識帶來的傷害更痛，
道德式綁架的強迫是一種極大的惡。

張一一自小家庭貧困，早早地就外出打工賺錢了。多年後，終於在工作的城市買了一間大房子。有了女兒之後，她就想把吃了一輩子苦的父母接過來享福，也可以讓他們幫忙帶孩子。

母親因為要照顧生病的弟弟，先來她家的是父親。她想，父親只需要幫她照顧一下孩子，做點家務，日子應該很輕鬆。父親的作息時間極為嚴格，他每天早上六點多一定起床，然後幫全家人做早飯。早飯快好的時候，開始幫小孫女穿衣洗臉，隨後叫家人起床吃飯。

父親是一個傳統型的大男人。他始終認為洗衣做飯應該是女人做的事，一直以來都是母親包攬了所有的家務。來到女兒這裡之後，他卻要開始做家務。早餐忙完沒多久，就得去買菜。買完菜回來帶孩子轉轉，不久又該做午飯了。午飯後陪孩子睡午覺，之後又得打掃家裡。隨後準備晚飯。

自從父親過來之後，張一一似乎完全沒有做家務的意識，這讓父親極度失望。於是，他開始挑剔女兒不愛乾淨，挑剔她的懶，最後則大罵她都不自己照顧孩子。

張一一心中萬般委曲，為了讓父母和家人過得好一點，工作從早忙到晚，怎麼可能再分出時間和精力來做家務、照顧孩子？跟父親之間的衝突爆發之後，她常常在深夜裡哭。她想，已經給足了父親生活費，也不是非得要他做飯啊！父親沒來之前，她根本不吃早餐，中午在店裡吃，晚上也在店裡吃。父親過來之後，她只有晚上在家裡吃。但是父親不願意在外面吃飯，又對在家做飯十分不滿。她真的是怎麼做都不對。

無論如何，張一一沒法讓父親滿意，她只好請父親回老家照顧弟弟，接了母親過來。張一一沒想到，曾經一向好相處的母親也和自己合不來，沒住一個月便吵著要回去。她委曲到了極點，心想：「我接你們來城裡過好日子，給你們買新衣服……為什麼你們就是不願意和我一起過好日子，反而要回去當辛苦的農民？」

張一一的老公建議接她姐姐過來，同輩人共同話題多一些，好相處。張一一覺得有理，便讓姐姐辭去工作來她家幫忙帶孩子、做點家務雜事。但是不到一週，姐姐也哭鬧著離開了。

事情到了這個地步，顯然是張一一有問題，但是她自己沒有意識到事情的嚴重性。又過了半年多，聲稱永遠不會離開她的老公也提出離婚。一向堅強的張一一瞬間崩潰：「為什麼？我為你們付出那麼多，為什麼你們一個個都要離開我？」

張一一的老公嘆了口氣，將所有憋在心裡的話都說了出來：「妳自己想想，妳和誰能好好相處？跟妳在一起，什麼都要聽妳的，不按照妳的要求，妳就發脾氣。我要聽妳的，我家裡的人要聽妳的，妳家裡人也要聽妳的。孩子吃不下兩顆雞蛋，妳就像瘋子一樣叫罵。我母親過來幫我們帶孩子，妳不喜歡，我認為是婆媳之間難以相處的問題，所以把她送走了。原本想著妳自己的父母過來總沒問題了吧，可是實際上呢？妳因為是自己父母的關係，反而更加無所顧忌了。我知道妳很好，妳為家裡付出了很多，但是，如果妳付出的這些，卻帶給別人情緒勒索，妳以為這些付出還有意義嗎？」

張一一無限委曲地說：「你們做得不好，我都不能說兩句嗎？我為什麼要那樣拚命，還不是為了家人好！」

張一一的老公說：「如果我給妳物質上的滿足，但是早上一起來就數落妳，中午看見妳就罵妳，時不時再打妳一頓，妳覺得這樣的生活會快樂嗎？每個人都沒有理由拿自己的脾氣去傷害周圍的人。妳看，妳自己親身母親都哭著離開了。我真的再也受不了所有人都必須圍著妳轉的日子，因為妳根本就不懂最基本的相處之道。」

說罷，她老公就收拾行李去住旅館，整整一個月沒有回家。

委曲的張一一四處尋找安慰，我一開始以為她的家人都不懂得感恩。一個為了家庭而犧牲自己全部青春的女孩，竟然這麼不被珍惜？後來聊著聊著，我就明白了，事實是，她用情感或者道德來勒索家人的那些依據，只不過是她自以為好意的付出。

她記得借過姐姐人民幣一千八百元，卻不記得姐姐給她的更多。她記得自己坐月子產後憂鬱沒人照顧，一再地跟大家說因為月子沒坐好身體不好，卻不記得父母和弟弟的身體比她更差。

自我的強烈付出感和得不到想要的回應的失落感，導致她十分糾結：自己奉獻了全部，為什麼家人都不明白她的好。坐月子的事，她對丈夫唸了三、四年，當年她姐姐也是剖腹產，同樣沒人照顧，她卻想也沒有想起過。她的自我付出感太強烈了，而且認為家人應該先改變態度，她的心情才可能好轉。她認為自己的出發點是好的，是善意的，別人就應該全盤接受。

我們身邊總有這種委曲的女人，她們心地善良，一直扮演著自以為是的付出者角色。然而巨大的付出，換來的只是完全與期望不匹配的被忽視，感覺很少有人明白她們的好。於是委曲，於是憤怒，然而又偏偏停不下自以為的善行。隨之，不被理解的傷心和無從表達的失望，化成了沒完沒了的審判、指責和抱怨。當滿滿的負能量在她身上顯現，身邊的人便一個個離去。

其實，她們的期望只是被肯定和讚美，也願意背負辛苦，傾己所能為家人付出更多，但她們完全不知道自己是以背道而馳的方法，表達著自己的善意。這樣的委曲，也一定會導致一種最壞的行為——強迫對方承認是在為他付出，而且這種付出是值得肯定的。她們的失誤在於，不明白這種強迫行為是一種極大的惡。讓別人按她們的意願行事，其實是讓別人侮辱自己，讓別人踐踏自己，讓別人被迫違心地自我貶低、自我懺悔，改正莫須有的罪行。

我很懂得受到這種心靈壓迫的人的沉默和反抗。**無意識帶給人們的傷害更痛。**有極端行為的人，並不是和我們完全不同的、不可理喻的惡魔，反而往往是像我們這種平常人。只不過有時候，**我們自以為的付出，自以為的善意，投射到別人身上的時候，其實並不是我們自以為的那樣。**

丈夫的離開帶給張一一很大的打擊，雖然她仍然會四處訴苦，強迫別人承認她是一個偉大的付出者，但她還是隱約感覺到自己有一些不對的地方。**如果身邊的人都對自己關上門，那麼很可能是自己心裡從來沒有容納過別人。**於是，她聯繫了一個心理諮詢師，接受了一個特別的認知療法。之後，張一一請求老公再給自己半年機會，她會好好調整自己。如果半年後雙方還是不能好好地溝通，她同意離婚。

張一一說改變，還真開始改變自己。她主動帶禮物去看婆婆，誠懇地向老人家認錯，並且表示只要婆婆願意，她隨時歡迎婆婆到家裡住。她還不忘向婆婆坦白，自己當年確實對婆婆有些意見，但現在她明白，婆婆和自己之間的衝突只是生活時代不同造成的習慣不同，她現在非常能理解婆婆的好意。隨後，她也聯繫了自己的父母，真誠地請求父母原諒自己的霸道。

她學會了接受別人的不同，不再糾結於一些細枝末節，也學會了克制自己的脾氣。由於她的改變，父母改變了對她的態度，連客戶和朋友也對她讚譽有佳。原本不見起色的生意，竟然慢慢地轉為興盛，還賺了不少贏利。

半年之後，她問老公是否要離婚，她老公笑了笑：「恐怕我媽不同意。她現在可喜歡妳了，昨天還高興地跟我說妳給她做面膜的事……」

09 — 請將你的善良，只給善待你的人

有一些行為，永遠只能表示理解，不能姑息和縱容。

無論是心靈雞湯的書，還是講禪修智慧的書，總在提醒我們，當我們遭遇痛苦而抱怨他人不夠友善的時候，我們應該學會換位思考，學會理解別人，去相信「善有善報、好人有好報」，如果你自己變得更好，世界就會更好。

但是，我想追問，為什麼一味要求我們理解別人？如果我們自己受了傷還沒醫治，又如何從心理上做到為他人著想？如果我們自己都沒有爬起來，又如何能去扶持別人？

一直以來，社會只拚命教我們學習如何成功衝刺一百米，做一個堅強的好人，

卻從來沒有人教我們：跌倒時，怎麼跌得有尊嚴；膝蓋破得血肉模糊時，怎麼清洗傷口；心像玻璃碎了一地時，怎麼收拾？你被人傷得滿地找牙和血吞，拿什麼來對傷害你的人付出善良？你一頭倒下，內心淌血，又拿什麼來獲得心靈深層的平靜？

有一個女孩說起父親時，總是淚流滿面。她說，在別人眼中，父親是一個很善良的人。他會收養流浪狗，大冬天怕狗冷，會半夜起床好幾次幫狗蓋被子。母親打電話說狗跑出去被車撞了，他十萬火急地趕回家帶狗去看獸醫。他看到狗狗要做手術，心痛得直掉眼淚。

回到家後，父親因狗受傷的事和母親大吵了一架。情急之下，不小心把母親推倒在地。母親的腰撞到床角受了傷。母親住院期間，父親沒去看過她一次。女孩的母親說話聲調急躁高亢，一丁點的事都能引發她的責難。

這件事讓女孩對安靜有了一種變態的需求，她非常討厭有人在身邊說話。有那麼一段時光，電話鈴聲簡直是她的夢魘，偏偏又常有電話打進來。每一次鈴聲響起，她都嚇得打哆嗦。這件事引起了身邊一位男同事的反應。女孩以為鈴聲也嚇到他了，不料他說：「不是鈴聲，是你的反應嚇到我了。」

這樣的一個女孩，我們根本無法想像她的童年。所以當別人都在懷念童年的時候，她卻慶幸自己終於長大了。對她而言，任何一個地方，都比那個無愛無恩義的家庭溫暖得多。

知道別人的痛苦沒什麼，但是我們怎麼會知道人家是怎麼熬過來的？我記得這麼一句話：「一個從小缺少愛的人，最容易善良，也最容易上當。」因為只要人家對他好一點，他就心甘情願，以命相許。

你怎麼對別人，就決定了別人怎麼對你。如果我的生死苦樂被你踐踏，那麼你的生死苦樂也與我毫無關係。女孩也努力過，但是她做不到。哪怕家人那樣對她，但她做不到漠視家人。

後來，她按照家人的期望，尋找嫁入豪門的機會，實現一個灰姑娘的夢想。可惜，她最終跟一個窮小子戀愛了。她內心最渴望的東西：被呵護、被寵愛、被縱容、被尊重，都在他那裡得到了。她不敢想像原來自己竟然還可以擁有愛、被愛護、被尊重，甚至擁有話語權。突然有了這樣的感覺，那是一種怎樣的驚訝、震撼與滿足。後來，就算生活過得極其艱苦，她仍然不願意和窮小子分手。

在一個人艱難的時候選擇不離不棄，這是一種怎樣的善良呀！故事背後一個赤裸裸的真相是，她的窮男友其實是一個渣男；而另外一個血淋漓的真相是，她的這份善良，並不是真的多麼愛他所以不離不棄，只不過是她在他那裡，找到了做一個有尊嚴的人，不會被辱罵，或被道德綁架做一個逆來順受的下等人。

她的這份善良，不過是因為從來沒有被善待過，所以視滿足自己最基本的需求為罪惡，而不知道還有比這種善良更聰明、更正當的選擇。

她其實沒有正確給予愛和善良的能力。斬斷了一個人的雙腿，就不要怪他不能正常地行走。也許，外表光鮮的你也是如此。正如香港作家張小嫻所說，就算親情，也是不平等的。要是你擁有愛你的父母，這份愛就算被你浪擲了，他們還是會為你守候，永不會死心。然而，當孩子需要父母的愛，父母狠狠地把他丟開，許多年後想要再愛這個孩子，卻不一定能如願。孩子是會死心的。這份親情，你在他最想要、在他幼小孤單偷偷飲泣的長夜裡沒有給他，就不能再奢望可以贖回來。

我從來不反對善良，但在講這個女孩的故事時，我堅決反對那種自以為是的善良。對不起，我只會喜歡那些喜歡我的人，只會善待那些善待我的人。**對一些行為，永遠只能表示理解，不能姑息和縱容**，特別是那些自以為對我好、為了我好，卻強勢、粗暴地對待我的人。

真正的善良，是讓身邊的人在平日自得其樂，在需要幫助時全力以赴。沒有任何人有權利將自己的好意強加給另一個人，或者實施自以為是的道德綁架。我不想對自己和別人犯這種善良的罪。

人生會有各種遭遇，不管是好事還是壞事，好人還是爛人，你總會在某個時間點遇上。倘若你無力承擔，沒人能代替你承擔，但是我仍然希望你知道，這些事是在所難免的，**你無法跟執著於個人觀念而傷害你的人理論，你只能努力讓自己不被打倒**。

倘若你能撐過去，不必逼自己去原諒傷害自己的人。如果有一天，你挺過了所有的傷害，終於擁有了堅強，也不必對誰說，都是因為誰曾經傷你那麼深，才成就了今天的你。你現在這麼優秀完全是因為你自己強大，當年沒有被他們打倒而已。

有時候，犯錯的人並不知道他在傷你，甚至是殘害你，還會怪你不優秀、不爭氣。要是不小心遇上了爛人破事，我們只能自己一個人扛下所有的苦與痛，但是這並不是要教會你悲觀，而是教會你人世的智慧。你要去相信，你沒有能力的時候，本應該只對善待自己的人善良。你有能力的時候，這世間沒有不善待你的人，也沒有你不能善待的人。

10 — 以愛之名滿足的，不過是你的野心

每個人來到這世間，
不是為了按照別人的方式過一生。
以愛的名義最容易造成的傷害是，
剝奪了別人選擇的權利。

很多時候，我們的親人、我們的愛人，會用自以為正確的方式來愛我們。他們會義正詞嚴地用自己的經歷告訴我們，路要怎麼走才合適。他們會情深意切地按自己的渴望告訴我們，擁有什麼才幸福。他們忽略了，**每個人來到這個世間，不是為了按照別人的方式過一生。**

於是，很多人便在這樣的矛盾中糾結著、痛苦著，還會覺得自己很委曲，常常

說著類似，「我是為了他好啊！」「我是怕他受苦啊！」「我是怕他受傷啊！」之類的話。

其實，他的怕，是以自我為中心。他以為別人按照他認定的方式，就是最好的選擇。其實，他所追求的只是自己的順心如意。他不知道愛一個人，就應該尊重這個人的選擇，讓這個人以自己喜歡的方式生活；何況有時候，哪怕是選擇受苦，也是一個人的權利。

以愛的名義最容易造成的傷害是，剝奪了別人選擇的權利。如果愛只是單方的一意孤行，那麼大概有很多人都寧願這樣的愛不存在。

由於女孩從小受夠了貧窮的苦，她最大的願望是變得富有。環境所迫，她高中畢業後就去沿海城市打工。為了賺錢給家裡蓋房子，為了給弟弟存錢娶太太，不到二十歲的她，就願意為了家人努力、奮鬥、死撐。

最初她到工廠做女工，拿的是計時工資。那時，她的底薪才人民幣三千多元，加班費是一小時人民幣八十元。為了多賺一點，她幾乎天天加班。這樣一個月下來，她可以賺人民幣四千多元。她只留少許的錢買些日用品，其餘的全部寄回家。

這樣的日子她整整堅持了兩年之後，她與負氣離家出走的姐姐在一座陌生的城市相遇了，兩人一起為了那個貧苦的家繼續打拚著。後來，姐姐一聲不響地離開了，幾乎算是不告而別。更可恨的是，在長達兩年裡的時間裡，姐姐音訊全無。那時，她不會去想更多的問題，比如，為什麼姐姐那麼抗拒和家相關的一切？

也許是因為時光流逝、世事變遷，後來姐姐又主動跟她聯繫上了，告訴她自己現在生活得還算可以。同時她也得知，姐姐跟一個貧窮懶散的男人在一起，對方甚至給不起姐姐婚姻的承諾。她不甘心，追到姐姐所在的城市去勸姐姐。但是姐姐不願意跟她走，她痛哭流涕地跟家裡人指責姐姐的種種不是。她不明白，為什麼一個渣男可以讓一個女人死心塌地地追隨。

後來，姐姐離開了渣男，但與家人依然是疏離的、有隔閡的。雖然她與父母都知道姐姐住在哪裡，要是沒有主動與姐姐聯繫，就得不到姐姐的消息，以至於某年生日那天姐姐突然打電話祝福，她竟然感動得哭了。

她愛自己的家人，所以願意傾其所有給家裡人最優渥的生活。她愛姐姐，所以不斷為姐姐收拾各種爛攤子，在姐姐求助的時候，總是義無反顧地幫助。因為不斷努力，她有了自己的事業，終於變成了城市裡的有房一族。她將父母接到身邊照顧，然後，也希望姐姐和她一起生活，她說要保姐姐一世安穩。

姐姐來了，可惜沒幾天兩人就大吵一架。兩個月裡又吵了好幾次。她那麼愛姐姐，姐姐卻不理解，竟然說寧願當乞丐也不要她給的這份安穩。她傷心痛哭，原以為總算盼到了一家人一起過好日子，最後，這一切證明只是她的一廂情願。姐姐氣急敗壞地離開了，她不懂為什麼。

她不知道，自己在這些年一直扮演著堅強的角色，對家人的那種愛與照顧的需求，已經成為她所不能承受的生命之重。而隨之無意間滋長的是一種極強的控制欲，以及讓家人都過上她所嚮往的高品質生活的野心。

與她住在一起的人，都必須遵照她的計畫行事。她總替家人做選擇，她覺得自己想要的，一定也是家人想要的，或至少是家人需要的。比如，孩子不喜歡學鋼琴，她非逼著孩子每天練習，還要全家人監督。這讓她身邊的人活得極其痛苦。

愛欲於人，猶如執炬逆風而行，必有燒手之患。我們越是想抓住某物，越可能陷於某種執迷。更何況生命本是自我承載，每個人獨生獨死，無有代者，怎麼可以讓別人來承擔我們的人生期望。

一味要求自己所愛的人，以自己的方式去追求自己所嚮往的幸福，從某種角度來看，其實是一種認知模式的錯誤。比如，把吃苦看作人生中消極的、徹底避免的東西，在一個人最應該吃苦的年紀過度干涉和保護，其實是對生命成長的不尊重。雖然吃苦與幸福的意義背道而馳，但是人生所有的經歷，包括吃苦，都關乎生命和靈魂的成長。正如中國學者周國平所說：「生命的意義僅是靈魂的配件。」無論是肯定，還是懷疑否定，只要是真切的，就必定有靈魂在場。

一個人唯有經歷過磨難，對人生有了深刻的體驗之後，靈魂才會變得豐富。而這也是幸福的重要源泉。現實中的幸福，應該是幸運與不幸按適當比例的結合。每個人都有權根據自己的意願，去選擇最好的成長方式，無論吃苦還是享福。

人來世間走一遭，所能擁有的不僅僅是財富，也不僅僅是名聲，還有各種經歷和感受。對我們而言，現實生活中的禍福得失、歡樂痛苦都是收入，命運的打擊因心靈的收穫而得到了補償。正如俄國文學家杜斯妥也夫斯基在賭場上輸掉的東西，他在描寫賭徒心理的小說中，以極其輝煌的形式贏了回來。

別讓自己的愛成為對他人的傷害，讓他們去經歷、去體驗、去吃苦、去流淚，因為那是他們人生中最重要的權利之一。

11 — 別用你所謂的善意，去強迫他人

每一種人生都可能有殘缺，
不必做太多比較。
每一種生活都有很多樂趣，
不必完全統一。

你是不是因為不想傷這個人、不想傷那個人，而活得十分憋屈？
你是不是總是遭到意料之外的攻擊？
你是不是想擺脫某種困境，卻又無能為力？
你的一切不幸，可能只是你的內在小孩精力旺盛卻又太弱小的關係。他沒有別的事可做，閒得只能玩一種叫「與人為善」的遊戲。於是，你習慣將他人的一言一行

都和自己的原則拉上關係，處處替別人著想，又處處給出善意的指正。同時，又想從中尋找認同感，如果沒人給你想要的那種回饋，你就覺得全世界都不理解你，你付出了那麼多的善意，卻只能收穫痛苦。

你只會這一種活法。只有這樣，你在與人交往的時候，內在小孩的旺盛精力才能有地方發洩。而你不明白這樣做竟然把你拉入無盡的痛苦當中。

我想起一個常接觸的家庭主婦。不得不說，她確實是一位樸實而勤勞的婦女，有著傳統中國女性的美德：賢、善、貞、慧。她賢能，她從來不怕辛勞，以一己之力承擔照顧多病的婆婆，以及養育孩子的責任，從來沒有因為生活的苦難而心生放棄。她非常善良，無論誰找她幫忙，只要不是抽不開身，她都會答應幫忙，只要她的能力許可，她就會付出。

她一生就只跟了一個男人，以她清秀端莊的長相，身邊總有優秀的男人如蜂蝶圍繞，但她硬是一生就守著一個男人，不離不棄，儘管他窮、他懶。她實在是聰慧，只是看她做事，你就會發現她聰明得不得了。她受教育的程度不高，卻可以輔導孩子的家庭作業；那些別人折騰了很久都解決不了的問題，她只要略作思考，便能立刻想出辦法。她還寫得一手好字，做得一手好飯，繡得一手好花，會做衣服、鞋子……還有很多女人幹不了的活，她也都能做。

但是你完全想不到，這個女人在家裡，卻是婆婆討厭、丈夫憎恨、孩子也不喜歡。如果沒有和她生活在一起，真的難以想像像這樣一位優秀的女性，怎麼會與幸福無緣，怎麼會生活得那麼委曲？

和她打過交道的人就會看到，她和澳洲文學小說《偷書賊》（*The Book Thief*）一書中那個收養了五個孩子的女人一樣，善良，但卻有一種奇怪的能力——得罪所有認識的人的能力。可能是因為，她什麼事情都會強行搭上自己的處事原則，對本來好的事情的評價，變成了善意的指責。

比如，丈夫賺了點錢，滿心歡喜地買了一件衣服給她，卻被她數落了半天，她倒不是嫌衣服不好看，而是覺得丈夫不該亂花錢，丈夫殷切的愛，換來的卻是責備、抱怨和挑剔。孩子考試第一名向她報喜，她馬上義正詞嚴地提醒，你不該驕傲，這次才考了班上的第一名，那個誰是全校第一。

這個難纏又不好對付可憐人，就生活在自己錯位的世界裡，不斷辛苦付出，不斷地向人表達她的善意，卻不斷收到本不該有的打擊。直到現在，她依然不能理解為什麼每個人都與她不同頻道。她覺得自己沒有想要傷害誰，說的話也沒有問題。

這一點倒是真的，她說的那些話，若單純從內容上來看，確實沒有幾句話是有攻擊性的。而問題就在於，在她的世界觀裡，只要出發點是好的，別人就應該全盤接納。如果真的因此傷害了別人，她會覺得自己出發點是好的，不該被怪罪。她無法站在別人的立場去體驗她加諸別人的傷害。很多時候，這種傷害僅僅就是因為她的善意帶來了「道德綁架」，或者她表達這種善意所帶來的批評。

不知道是誰說過，溝通中情緒占了七〇％，內容只占三〇％。我深以為然，我們說這種難纏不好對付的人叫刺頭，在很多時候之所以讓人感覺帶刺，不是因為他們的行為造成實質上多大的傷害，而是引發那些行為的情緒透露出嚴重的攻擊傾向。就像美國勵志大師馬登（Orison Marden）說過的，如果我們拿著一根骨頭罵罵嚷嚷地叫狗來吃，牠一定會被嚇走，如果我們溫柔、友好地說話，牠就會跑過來。

世間唯一的真理是，你向世界釋放了什麼，世界便回報你什麼。若你釋放的是抱怨，得到的必然是指責；若你釋放的是批判，得到的必然是反駁；若你釋放的是攻擊，得到的也必然是反擊。

我曾經遇過這樣一個同事，無論別人說什麼、做什麼，他都當成惡意攻擊，然後又惡意攻擊別人。我們常常要開會討論企劃案，這位刺頭同事容不了一丁點不同的意見，而且他也看不起別人辛苦做出來的東西。在討論別人的方案時，從來不是從市場可行性提問題，而是用「很爛、一般般、根本不行」等字眼，簡單粗暴地否定別人。只要別人與他的意見相左，他就覺得別人是有意打壓。果真是應了一個真理，越是挑剔別人的人，越是害怕被別人挑剔。

我們必須懂得，**每一種人生都可能有殘缺，不必做太多的比較；每一種生活方式都有樂趣，不必完全統一**。當你覺得全世界都針對自己的時候，最應該做的不是去抱怨他人，而是反省自己，想一想，是不是自己無法與這個世界和諧相處呢？

12 吃虧是福，但總吃虧哪來的福

對於命運設置的磨難，弱者的應對是退讓與憎恨，
強者的應對是妥協與抗衡，更強者的應對是堅韌與抗爭，
最強者的應對是自強與超越。

一個人的成長，必須經歷許多難以忍受的寂寞、痛苦和憂傷的浸泡，然後生命才能成熟、圓滿與豐盈。

安潔過完大學生涯裡的最後一個快樂生日之後，便開始尋找薪水優渥、前途美好的工作。如果順利的話，很快地她就會和男友買房結婚。對於年輕人來說，有情飲水都能飽，所以那時的她覺得天空藍得無法想像，直到找工作的那天。

那天，安潔與男友手牽著手走進了職場招聘會現場，男友幫她投遞了履歷表。這時，面試經理隨手把簡歷丟在旁邊的雜物堆裡。安潔當場就生氣了：「你憑什麼看都不看就丟掉我的履歷？」

妝容完美的招聘經理，用職業化卻明顯帶著輕蔑的語氣告訴安潔，她身為招聘經理有資格處理應聘者的簡歷，而不需要解釋。安潔憤憤地站著不肯走，男友感覺十分尷尬。見兩人不肯走，招聘經理瞟了一眼他們之後，解釋：「我不需要連履歷都要男友幫忙投遞的員工。」

男友彎腰從雜物堆裡撿起安潔的履歷，交給她說：「我到旁邊去等妳。妳很棒，要相信自己可以勝任這份工作。」

安潔重新把履歷遞給招聘經理，對方接過後放在一疊檔案上，開始收拾東西，同時告訴安潔：「有消息我會通知妳。」

安潔拿出人民幣五元遞上去：「不管有沒有好消息，請都打電話給我。我很想得到這份工作。就算是壞消息也請告訴我。這是電話費。」

招聘經理看了看安潔，有些詫異。安潔把錢放在桌面上，挺直了背脊離開了會場。

原本以為自己不可能得到這個工作，不料一週之後，招聘經理打來了電話：「週一來上班吧，就在我的部門。試用期三個月。希望妳的工作能力可以跟面試時表現得驕傲樣讓人印象深刻。」

像大多數好強、不認輸的大學畢業生一樣，安潔到了新公司把工作放在第一位。娛樂、男友、朋友、親人都是次要的。她要讓看不起她的經理刮目相看。但是，現實給她狠狠地上了一課。安潔進公司企劃部兩個多月，經理安排她的工作盡是打字、列印、整理資料、沖咖啡之類的雜務，沒有任何技術性的工作。儘管她已經很努力，仍沒有任何可以表現的機會。周而復始的瑣碎工作讓她煩躁不安，她開始不那麼用心了，每天懶洋洋地混日子。

經理看到安潔的懈怠，把她叫到辦公室丟給她一個檔案袋：「該學的東西妳不學，不該學的牢騷妳倒是一大堆。與其花時間抱怨，不如試試做做這個案子吧。」

檔案袋中的資料是公司最近接到的一個大案子。安潔知道自己從來沒有做過企劃案，根本不可能獨立完成任務。但經理卻對她說：「做出來就繼續留下來，做不出來就趕緊走人。」

安潔聽了之後真想當場拂袖而去，但是好不容易爭取到這份工作，什麼成績都沒做出來，如果就這樣輕易放棄了，短期內很難找到類似的平台了。沒有退路，安潔只好逼自己在最短的時間裡學會做企劃案。為了掌握更多相關的專業知識，有很長一段時間，她都加班到凌晨兩三點。坐在幽靜的辦公室裡，她聽到的只有鍵盤的敲擊聲和自己的呼吸聲。

即便她想得出很好的創意，但是因為執行的經驗不夠，最終也可能無法獨立完成一份漂亮的企劃。但天道酬勤，多日的辛勞讓她終於做出一份大致的企劃案交給了經理。

結果經理把企劃案修改一遍之後，署上自己的名字提交給上級，隨後的專案解說會上該專案非常順利地通過，沒有人知道方案的核心創意，是安潔廢寢忘食地做了整整一週才做出來的。

經理分明是明目張膽地欺負她這個新人。但是為了不得罪經理，安潔把怒火壓了下來。安潔沒有想到的是，之後對方變本加厲，凡是棘手的難題，都交給她處理，而且動不動就威脅她要是不願意做就走人，這裡不缺人。

雖然說「吃虧是福」，但這個說法並不完全準確。一是要看你吃多大的虧，有的吃虧是要命的；二則常吃些小虧是可以的，對日後的生活有用，但是關鍵看吃虧之後有無反思，有無改觀。如果只是一味地吃虧，哪來的福？

安潔知道，如果一味妥協，就會永無止境地妥協下去。在經理三番五次這樣之後，安潔再也忍不下去了，委婉地向人事經理寫了封請求調動職位的信，且把自己和經理往來的工作郵件一併轉發過去。

很快地，安潔接到了職位變動通知：由於安潔工作認真細緻，處事講究方法，創新思維能力強，公司決定將她晉升為企劃部創意中心的負責人。部門經理本人雖然沒有遭到什麼處罰，但是明眼人都知道她已經失去公司的信任，再也無法隨意使喚安潔了。

對於命運設置的磨難，弱者的應對是退讓與憎恨，強者的應對是妥協與抗衡，更強者的應對是堅韌與抗爭，最強者的應對是自強與超越。

第 3 章

你多餘的犧牲，他看不懂也不心疼

老天爺的事你管不了，

別人的事與你無關。

請守護好你的親密距離，

不要越俎代庖，

也不要被越俎代庖。

13 — 多餘的犧牲都是情感的重負

我們總善於傷害那些愛我們的人，
因為我們根本傷害不了那些不愛我們的人。

通常在愛情和婚姻關係裡，一點犧牲都沒有的狀況是不存在的，但更合理的方式應該是，不管哪一方做了多少犧牲，都是建立在雙方互相認可和接受的基礎上。否則，任何單方面傻乎乎的付出和心不甘情不願的犧牲，都是病態。

如果對方真的愛你、尊重你，希望你實現自我價值，便不會對你的犧牲表現得那樣理直氣壯、心安理得。同樣，你也不要以「我為你犧牲了這麼多」去綁架對方的人生，覺得全世界都虧欠你。事實上，你這麼做，是在虧待自己。與其想著怎麼美好的犧牲，不如想著怎麼漂亮地活。

有個女人來心理諮商。她訴苦說她與丈夫是大學同學，由於婚後丈夫找工作困難，又打算繼續深造，所以她放棄考公務員的機會，選擇工作供老公讀書，家裡一切的開銷及家務也全部由她承擔。

後來，丈夫讀完研究所，在上海找到了一份好工作。而那四年，她也努力做到了公司的中層。可是丈夫的公司更穩定、待遇福利更好，所以她選擇辭職跟丈夫去了上海。到上海一段時間之後，他們有了孩子，為了照顧孩子，她乾脆辭職當全職媽媽。

過了三年，她發現自己與丈夫漸漸地疏遠，不久丈夫跟她攤牌，提出了離婚的要求。她很不甘心，覺得自己簡直就是現實版的秦香蓮，丈夫就是陳世美。這些年她以男人的事業為重，多次放棄機會，一心支持他，最後竟換來這樣的結果！

不料男人振振有詞：「我逼妳供我讀書了嗎？我威脅妳去上海嗎？不都是妳自己的選擇嗎？生活不能回到過去，現實的走向就是這樣，我對妳已經沒有感情了，強求又有什麼意思？」

聽到這些，女人幾乎崩潰。她不是痛恨多年的犧牲原來是那麼多餘而無用，而是痛恨自己竟然沒看清，在婚姻中原來一直都是自己一廂情願地執迷不悟。假如他們的生活因為丈夫事業有成而逐步改善，兩人過著浪漫而富足的日子，她就不會覺得自己對他的支持和讓步是不值得的。

假如她預知七年後的生活走向是丈夫的嫌棄和拋棄，她就不會選擇主動放棄自強獨立的機會。假如不是她支持丈夫，而是換成丈夫全力支持她去追求事業，她覺得自己也會取得非常了不起的成績。

可惜生活沒有那麼多假如！何況捫心自問，若假設成真，她才是婚姻中那個事業有成的人，那麼當她每天面對一個沒有事業支撐的丈夫和其他更優秀的男人時，她會滿意這場婚姻嗎？這才是真相。

在婚姻或情感關係裡，當初自願的選擇，現在只能貼上犧牲的標籤，無論是對付出者還是享受者來說，都是一種重負。選擇支持愛人的學業，也算是一種善良的成全，而選擇支持對方的事業而完全放棄自己的事業，則只能算是一種多餘的犧牲。

如果我們從這段情感故事中抽離出來，更客觀地分析，也許還會看到更殘酷的真相。一個人在事業上取得成績，誠然有家人的支持，但根本上還是自身的努力。

婚姻中用各自的付出比例，來衡量彼此應有的責任，於理有據，但於情則不夠智慧，因為這樣做其實就是把婚姻當作一種投資，她期望用自己的時間、青春、耐心、事業心及發展機會，來換取丈夫的成功，然後換來丈夫的感恩、真情和永不變心。可是事與願違，於是她賠了本卻無可奈何。哪怕最終的離婚判決能給予物質的賠償，卻換不回她人生的損耗。

我們常聽到這樣的抱怨：

「我為這個家犧牲了這麼多，到頭來得到的卻是背叛！」

「我為他犧牲了自己的事業，熬成黃臉婆，他卻不要我了！」

「我為她得罪家人、疏遠朋友，把全部心思都放在她和孩子身上，現在她卻嫌我事業心不夠！」

這些話裡都有一個共同的詞語：犧牲，似乎只有犧牲才能換來情感、婚姻上的籌碼。但從邏輯關係上來說，一個人的犧牲並不是另一個人成功的唯一條件，甚至也不具備直接的因果關係。

不然，單身豈不是永無出頭之日？因為沒有愛人為他們做這些犧牲啊！

很多時候，**我們所謂的犧牲，都是一種多餘的付出，往往會成為雙方的情感重**

負。身為付出的一方，需要不停地繼續強化最初的付出行為，以維持自己一貫的形象，即使自己已經不堪重負，也不能改變，否則就顯得前後矛盾、言行不一。越是這樣，內心累積的渴望情緒就越強烈，對對方的表現就抱持著更高的期望。若事情不是朝著預期的方向發展，內心很容易就失去了平衡，從而對兩人的關係產生強烈的質疑和絕望感。

身為另一方享受者，承受的心理壓力並不比付出者少，作為家庭改善經濟處境和社會地位的唯一出路，本來兩個人的事，現在一個人做，壓力可想而知。如果幸運成功了，而且雙方的感情沒有發生變化，當然皆大歡喜。倘若事情的發展出現了偏差，對方就會睜大眼睛質問：「你的良心被狗吃了嗎？」

當你把人生的需求完全交給別人去滿足時，就不要怪別人會讓你收穫失望。夫妻之間，本無血緣關係，最強的關係紐帶是彼此的喜愛和眷戀。沒有感情，再多的責任和義務都是乏味的。當年的美麗和溫柔，或者英俊與擔當，如今變成討債似的互相攻訐。愛沒有了，婚姻如何勉強維持？早知今日，何必當初。

其實，你沒有參與對方的生活的時候，人家照樣活得好好的，還比現在更自由。明明缺乏平等意識，卻以愛的名義去做多餘的犧牲，強迫別人滿足自己的期待，就會失去了各自的界限。

真正的愛，是給別人需要的東西。如果你表現愛的行為，人家不在乎甚至根本不想要，自己還不開心時，就要停下來，思考自己的動機。但是偏偏有很多人明明內心十分不滿，卻仍然要去付出。為什麼？因為我們害怕對方離開，害怕對方用糟糕的方式對待我們，害怕獨自支撐失去的依賴感。這些都不是真愛，而是恐懼。

我們總是甘願被我們所愛的人傷害，因為我們愛他們。我們總善於傷害那些愛我們的人，因為我們根本傷害不了不愛我們的人。

如果你所謂的愛是這樣，那麼，請停下來，承認自己的不成熟。不成熟的人連照顧自己的精力都不夠，哪有精力照顧別人？還是把時間和精力用於自我成長吧！

14 — 沒有了自己，就只是為別人而活

這是一個你怎麼定義自己，
世界就怎麼定義你的世界。
不要害怕改變，不要害怕嘗試，
人生並不是只有一種活法。

世間有一類人最痛苦，他們不知道怎樣按自己的意願生活，又不甘願生活受別人的擺布，害怕失去對生活僅有的一些掌控力，失去當下擁有的一些東西，便不得不終日被迫按照別人的要求行事。這種妥協的痛苦，是對自己的不滿，那個無力改變現實的自己。

人之所以痛苦，並不是因為掌控力的缺失。喪失自我價值感才是根源。因為不

知道自己的價值所在，所以不知道自己要堅持什麼，為什麼而活，也不知道應該為什麼而努力，只好按照別人的要求而活，根據自身最本能的願望而活。

當你逃不出這些思維的束縛，便會認為自己必須向當下的環境妥協。比如家庭，無論和睦不和睦；比如工作，無論喜歡不喜歡；比如維持一段社會關係，無論自己需要不需要。

於是，為了讓父母高興，你忍受著看不順眼的妻子，儘管心裡恨不得她快點從面前消失，但你不得不與她生活，忍受著她無盡的嘮叨與抱怨。為了讓孩子有一個健全的家，妳忍受著貧困和一個不求上進的丈夫，雖然妳痛恨自己當初有眼無珠，遇人不淑，無數次想就此一拍兩散，卻依然忍受著痛苦，忍受著那個不良人。

為了保住眼前穩定的生活，你忍受著艱辛的工作和一些難纏的同事，雖然你萬般厭惡這份工作，從早上一睜眼開始就抗拒它，可是你還是拖著疲憊不堪的身子，苦哈哈地擠地鐵，唯一的祈求是不遲到，雖然拿不到什麼績效獎金，但還能拿個全勤獎。

為了家中某一個人的期望，你放棄了自己喜歡的職業，投身於一成不變、無比枯燥的工作。無論你有多不願意接受被安排，但是你想，那是家人為了你好，他們不想你受苦，所以你也就放棄掙扎了。

我一直用「為了」來解釋你的安於現狀，你是不是覺得自己很無用、很委曲？你這麼不誠實地活著的原因，僅僅是你不接受自己正是那個自我價值感缺失的普通人啊！你無力反抗潛意識對你的自我追問，又需要一套說辭來說服自己心安理得繼續痛苦下去。於是，你一直不去尋求生活的另一種可能。

不要害怕改變，不要害怕嘗試，人生並不是只有一種活法。正如世界上最偉大的銷售員喬·吉拉德（Joe Girard），他一生換了四十多種工作，在三十五歲走投無路之時，才終於找到了能充分發揮個人才能的職業，登上了人生巔峰。

你所需要的，只不過是邁出一步，真正認知自我，重建自我的價值感。

要知道，你目前的人生不過是活在計較當中抉擇利害而已。兩權相害取其輕，你之所以願意擔負那麼多的委曲，是因為它能給你帶來眼前的利，無論是身體的，還是心靈的，唯獨沒有幫你構建真正的自我價值感。

比如，你為了父母而忍受妻子，可能的原因是：一是你無能為力，找不到更好的方法，又必須給兩老交代，所以你忍受一個你不喜歡的妻子，只不過是不想被別人說不孝；二是你必須依賴父母，也許他們能給你更多的物質保障，所以你不得不委曲自己，選擇犧牲個人的愉悅來成為父母眼中的好孩子。但終極的真相是，這一切和你父母無關，和世俗評價無關，也和你不得不忍受的妻子無關，只與你做出選擇的自我利益判斷有關。

比如，妳為了讓孩子有一個完整的家，在貧窮中忍受著丈夫的傷害。看起來，妳是善良的妻子、偉大的母親，其實妳只是軟弱。妳害怕自己一個人無法給孩子幸福，妳害怕妳一個人忍受不了世間的冷眼，妳害怕自己一個人將來無法給孩子交代。雖然妳擁有的很少，少得讓妳極度痛苦，但妳害怕一旦離開，連僅有的保障都會失去。所以妳雖萬般不滿，卻拒絕改變。種種對不確定性的擔憂，讓妳成了自己固有觀念的奴隸。

比如，你為了保住一份表面上還算湊合的工作，忍受著不好不壞的待遇，忍受著前程不明的惶恐，也忍受著工作過程的痛苦，和與同事相處的不融洽。這一切的一切，都只因為，你認為自己沒有能力找到一份更好的工作，你不得不忍受下去。你想著這份工作至少可以維持日常開支。所以，你無法享受工作過程的樂趣，反成了時間和金錢的雙重奴隸。

所有的這一切，令你非常痛苦。接下來會發生什麼變化？

其一，**痛苦會產生憤怒**。這種憤怒會激發你的自衛性反擊，由於這種反擊看來針對的不是產生痛苦的對象，於是在別人看來，那只是一種簡單的發洩或排解。

比如，某公司的老總一大早因為和老婆吵架，到了辦公室還餘怒未消。恰好有位業務主管要彙報工作，老總極不耐煩地說：「這點事都解決不了，我要你們幹麼？」這位主管碰了一鼻子灰，悻悻然地回到了辦公室。這時，主管的下屬業務員有事請示，主管極不耐煩地說：「這種事情還來找我解決？你們怎麼不多動動腦子？自己想辦法！」這位業務員碰了釘子，感覺很沮喪。下班回到家剛坐下，兒子想問他數學題，他氣呼呼地說：「就你事最多！讓我清靜一會兒！」兒子被爸爸的無名火搞得很鬱悶，正要溜走，卻被自己一向很寵愛的小貓絆倒。兒子的火氣沒處發，朝著小貓又踢又叫：「討厭，沒看到我很煩嗎？叫什麼叫！」

這就是著名的「踢貓效應」。表面描述的是一種典型壞情緒的傳染過程，但事實上，它描述的卻是因為痛苦產生了無法壓抑的自衛性反擊，而向弱者轉移。

從公司老總到可憐的小貓，構成了一個傷害力逐漸減弱的金字塔。如果我們的傷害力比傷害我們的對象強，或者差不了多少，我們就會直接反擊。如果我們的傷害力與傷害我們的對象相差太多，我們無力迎戰，這種自衛本能就只能發洩在弱者身上。

那些向你提出種種要求的親人或情人，或許其中有一兩個表現得較為強勢，但是他們的傷害力，實際上與你相差不了多少。

所以，你為某事而委曲自己，內心又產生各種自衛性的攻擊情緒，讓你變得焦躁、易怒，你以一個痛苦者的心智模式活著，心中充斥著種種被逼迫的無奈。你不明白，你其實是以「我是被逼無辜的受害者模式」，來拒絕改變所需要承擔的代價。

這是一個你怎麼定義自己，世界就怎麼定義你的世界。當你以一個受害者的心態去面對生活，你就已經變成了生活的受害者；當你以犧牲的姿態去面對世界，你會真的被世界犧牲。

其二，**痛苦會產生積極功能**。當你感覺被忽視、被傷害或者不被關愛，情緒都會刺激你提升自尊感，從而實現自我療癒、自我修復和自我進步。

雖然世間確實有一些痛苦，是我們怎麼努力都無法讓它消失或緩解的，但那只是藉由不可抗力的因素導致的少數情況。大多數的生活來自人際傷害的痛苦，完全可以透過自我努力避免，只不過我們往往看不清自己真實的訴求。

魚與熊掌不可兼得，既然選擇了當下的舒適（你會說我很痛苦啊！既然你不改變，就意味著你害怕改變會帶來更大的痛苦，此時雖苦，相較之下，依然是比較舒適的），就得承受它所帶來的自我意志壓抑。即使如此，我們的內心也不必因此而暴烈不安，我們完全可以追求主動安穩的幸福。

只要我們明白自己的行為是可以改變的，他人的攻擊純屬無法自主的本能，我們先修煉出強大的包容力，然後把自己的心智模式切換為自我實現模式，就可以讓自己變成一個可以終止任何傷害的強者。

15 有一些好，永遠不會被感激

別人對你好是因為別人喜歡，
你對別人好是因為自己甘願。
不是所有的付出都有回報，
也不是所有的付出都需要回報。

有個老師說過一句很有道理的話：「永遠不要為你愛的人付出太多，除非你做得到永遠不求回報。」這句話說得很好，我們總是打著愛的旗號，理直氣壯地控制他人。只要有一點爭執，覺得付出較多的一方就會說：「想當初我對你……」

如果一個人的善意行為被自己定義為不對等的付出，一旦對方的回應達不到他內心的期望，失望便會產生。可是，我得說失望的絕大部分原因在於自己。「付出感」

是扼殺愛情的元凶，額外的善意可能是情感的毒藥、情緒的炸藥，它會在不知不覺中扼殺你和對方想要的更平等、更自由的幸福。

某一位祥林嫂類型的長輩，堅持她給予家人善意的對待，又責怪丈夫和孩子沒有對她報以感恩之心。她每天早上一起床，就開始抱怨丈夫，先按財富排行榜把丈夫和熟人比較一番，再按勤勞模範榜把丈夫和其他男人比較一番，還會根據體貼榜、性格榜等做比較，最後得出丈夫窮、懶、不關心家人、脾氣壞的結論。隨後，她的念叨又轉到兒女身上，她覺得大女兒長得太矮，二女兒學校成績太差，小兒子身體太弱。

只要一有機會，她就不斷跟人訴苦，說自己的家人這裡不行，那裡不好，怎麼辦才好喔？自己一個人做得這麼辛苦，日復一日為他們操心，為什麼她對家人那麼好，卻沒有回報，也得不到認可？她覺得自己活得好委曲。

其實，沒有人逼她天沒亮就起床忙家事，一切的辛苦都是因為她擺脫不了「本性」，因為她有「委曲自己，寬以待人」的討好型人格，所以每天重複著得不到感激的辛苦生活。同時，她總是心有不甘。一個典型的「怨婦」就這樣誕生了，她從早到晚挑剔家裡每一個人。雖然她是家中最辛苦的，卻也是引爆所有衝突的那一個。

換句話說，只要她認為對他人的好必須有所回報，才能獲得愛與被愛的滿足，那麼這樣的好就很難被感激。因為別人生活中的自主選擇，並不一定需要你的善意干涉。

這不僅是一個需要換位思考的問題，它還涉及更深層的同理心。比如，有一天，另一個命比她還苦的遠親來找她訴苦。起初她會同情對方，主動給予一些善意的建議和物質的幫助。當對方一再找她訴苦時，她幾乎想馬上把對方趕走。

我問她為什麼，她說：「誰受得了這種人，一開口就一直說她有多辛苦！」

聽到這裡，我笑了：「妳不是也這樣嗎？」

她一聽勃然大怒，不肯承認，因為她覺得自己的付出是那麼真實，而且她能舉證自己所受的苦多麼冤枉。而別人的傾訴，對她來說根本就是莫名其妙的騷擾。她沒有想過，其實大家都不容易，大家都有自己的苦。對人對己，我們的標準，差異竟然是如此之大。

她的內心，無疑是愛她丈夫的。為了讓家裡的日子過得更好，她隨時隨地提醒丈夫應該跟她一樣努力，那是善意的。但是，她動不動就用道德綁架家人，結果讓這些好，不僅不被感激，還成了家人想要逃離的情感負擔。所以，家人對她不僅沒有感恩之心，而且從來沒給她好臉色。

我記得，一個來找我諮商的男人，曾經絕望地說過這些話：「她是對我很好，可是早知如此，還不如沒有對我好過。她動不動就拿『我對你如何如何好』來壓我……」

人生本來就沒有相欠。別人對你好，是因為別人喜歡；你對別人好，是因為自己甘願。不是所有的付出都有回報，也不是所有的付出都需要回報。當你在某種關係中有強烈的付出感，說明這段關係可能已經臨近崩潰！

生活都是自己選擇的，無論是為老婆放棄了愛好，還是為老公犧牲了青春，抑或是為孩子放棄了事業，一切的一切，只要不是別人脅迫你這麼做的，那麼在那個當下，你就完成了情感的平等交換。你不能將你的這種善行，當作像錢存進了銀行，別人必須在某天根據你所期望的利率還清本息。

路，是我們自己在走的，沒有人能理解我們最真實、最具體的感受和需求。不管是心理學家、情感專家，還是人際關係諮商師，即使可以為我們分析，為我們提供解決問題的建議，但是他們不能代替我們去理解我們經歷的一切。決定權最終握在我們手裡。

可是，有誰天生就能懂得自己想要的一切，並給予這一切呢？除了我們自己，沒有任何人可以！

終極愛與被愛的需求，只能由自己去滿足。

這個世界上，只有唯一一個是應該的，就是你應該愛自己，因為要愛自己，所以你要提升愛的能力。

16　一味胸懷天下，只會讓自己不爽

無論你把悲傷或快樂說得多麼生動，
都沒有人能真正感同身受。
在複雜而微妙的關係中，
我們最難把握那種剛好的善意。

有句名言說得好：「世界上只有兩件事最困難，一是把別人的錢裝進自己的口袋裡，另一件事是把自己的想法裝進別人的腦袋。」

人類是深度合作的物種，天性中都有依賴同類的需求。我們不可能完全沒有交集，所以，需要在一個彼此都感覺舒服的範圍裡求同，同時也需要尊重個體的個性差異，接受對方的不同以求存異。

每一個生命都有著完全不同的歷程，每一種意識都經歷了自己獨特的形成方式。**在複雜而微妙的關係中，我們最難把握那種剛好的善意**。

比如，善良的你，心中總是裝著別人。你以為你應該為他撐起天下，你以為只有給他最好的、取悅他、將就他，才能守得住彼此的承諾。然而，你是愛吃肉的狼，所以認為應該給吃素的他端上精心準備的羊肉，結果他完全吃不下你送上的大餐。你甚至會以為那是他故作清高，或者認為自己送上的東西還不夠好。其實，以己度人的你，只會讓自己不爽，還不如一開始就不要那麼多事。

通常的情況下，我們很難看清事情的全貌，何況人與人之間並不存在絕對的互相理解。語言世界上沒有所謂的感同身受，那不過是一個美好的詞語。就像《生活的藝術：葛印卡老師所教的內觀》（*The Art of Living*）中的一篇〈彎曲的牛奶布丁〉一樣。

兩個窮困的小男孩，在城市和鄉間挨家挨戶乞食為生。其中一個男孩出生時就失明了，由另一個男孩照顧他。兩人就這樣一起生活。

有一天，失明的男孩病了，他的同伴對他說：「你留在這裡休息，我到附近討點東西，再帶食物回來給你吃。」然後，他就出去乞討了。

那天，正好有人給這個男孩一樣非常好吃的食物：牛奶布丁。他以前從未嚐過布丁，覺得非常可口，但很可惜，他沒有碗盤可以將布丁帶回去給他的朋友，所以就把布丁吃光了。

他回來後，對失明的男孩說：「實在很抱歉，今天有人給我一樣很棒的食物，叫作牛奶布丁，可惜我沒辦法帶回來給你吃。」

失明的男孩問他：「什麼是牛奶布丁？」

「喔！它是白色的，牛奶布丁是白色的。」

由於男孩生下來就失明了，他無法瞭解：「什麼是白色呢？我不知道。」

「白色就是和黑色相反的顏色。」

「那什麼是黑色呢？」他也不知道什麼是黑色。

「唉！試著去理解看看呀！白色！」

但失明的男孩就是無法理解，於是他的朋友四下張望，他看到了一隻白色的鶴，就捉住了這隻鶴，將牠帶到失明的男孩面前，說：「白色就是這隻鳥的顏色。」

由於失明的男孩眼睛看不見，他伸出手，用手指去觸摸這隻鶴：「現在我知道什麼是白色了，白色是柔軟的。」

「不是不是，白色和柔不柔軟完全無關，白色就是白色！試著再理解看看！」

「但是你告訴我白色就是這隻鶴的顏色，我仔細摸過了，牠是柔軟的，所以牛奶布丁是柔軟的。白色就是柔軟的意思。」

「不，你還是不理解，再試試！」

失明的男孩再一次仔細觸摸這隻鶴，他用手從鶴的嘴巴摸到脖頸，一直摸到尾巴末端。「喔！我現在知道了，是彎曲的！牛奶布丁是彎曲的！」

失明的男孩不能瞭解白色，因為他沒有感知白色的能力。

同樣的道理，在你的情感或人生境遇中，**無論你把自己的悲傷或快樂說得多麼生動，都沒有人能夠真正的感同身受**。因為他人不是你，也沒有機會代替你去品嚐你的牛奶布丁。

一個人的天生能力、教育背景、生活方式和人生經歷，決定了他對事物的感受，以及他面對各種感受的方式，我們並不具備真正理解另一個人的能力，也許只有天神才具備那樣的能力。所以，如果一味地為別人著想，總希望為對方做得更多，雖然這樣一來能展現你的天性善良，卻同時暴露了你的天性傲慢，因為這樣做的時候，其實你已經將自己凌駕於他人之上。

你所謂的善行，很可能是對外界做出評判後選擇的一種行事策略。你很可能是不斷犧牲或委曲自己，來換取別人的理解或信任。你的出發點是好意的，只是沒想到結果竟然是讓自己不爽。

如果你認同以上的分析，那麼不如退一步，重新審視一下自己的行為。

你主動展現善良了，別人為什麼沒有用善良回應你？

你自認是善良的人，是不是因為你受傷害的時候不會反擊？

你沒有離開差勁的伴侶，是不是因為離開了你就沒有存在感？

你不敢拒絕向自己求助的人，是不是一旦拒絕你就沒有價值感？

你很善良幫別人做了很多事，只是因為你還沒有吃夠善良的苦頭。或者，說你胸懷天下，不過是對自己的一種拒絕，你在自己身上找不到足以支撐自己向前行的力量，找不到獨自面對未知恐懼的勇氣，所以才會不斷地向外尋求，希望找到同行的夥伴，找到一種安全感。無論你的好意會換來多少委曲，你都默默地忍受。你一心想成為別人眼中更好的自己，只是因為沒有勇氣成為更真實的自己罷了。

當善良讓你一直做出錯誤的選擇，當現實把你打得滿地找牙時，你將不再苛求自己隨便善良。

或者，你可以試一試中國佛教居士南懷瑾先生在《禪與生命的認知初講》一書裡，相傳的一個咒語：「有一個同學，有一次忘了什麼事，我說我傳你一個最好的咒語：『去你媽的！』後來，這個同學告訴我，哎呀！老師，你這個咒語真有用，當我痛苦的時候，我就想起『去你媽的』，人就好了。」

17 除了你，誰也沒資格打擊你

有時候，你不逼自己，
你就不知道自己有多優秀。

你是否總是在想別人是否喜歡你，每天在猜測中度過？人一旦因為這種內心的不安而感到迷茫，便可能一味地軟弱下去，最後在眾人的目光中倒下。很多美好，就是這樣斷送在無謂的不安與軟弱當中。

在某個心理訪談節目上，一個女孩說因為自己長得醜，大家都看不起她，主管愛整她，同事愛挑剔她。若是有同事在她背後交頭接耳，她就會生悶氣，覺得人家又在嘲笑她、批評她了。總之，全世界都和她過不去。所以，她最後的結論是：她要去整型、要隆鼻。但是整了型，她依然覺得自己不美，內心十分痛苦。

其實這個女孩長得並不醜，看起來至少身材勻稱、四肢修長，五官也算端正。唯一的缺陷是，她的臉上缺少少女應該有的青春氣息，她的表情總帶有一種委曲和怨恨，看起來有一股奇怪的陰鬱感。只要她不要老緊繃著一張臉，稍微化點妝讓臉的表情柔和起來，那麼她的氣質很可能會有很大的改變。

可惜的是，她的不安帶來的猜疑破壞了一切。比如，她說公司檢核部的人總是故意挑她的錯。檢核人員的本職工作不就是挑錯嗎？她卻認定是針對她，因為她長得醜。她又說，她最氣主管找她麻煩。實際情況是，其他同事也被主管批評，然而別人都能心平氣和地接受，只有她總當作找碴，一定要投訴老闆。

從她的表述中得知了她對自己的認知有問題，當期訪談節目的心理學家決定和她進行兩個遊戲。一個遊戲是他和主持人當著她的面說悄悄話，讓她猜猜他們說的內容是什麼。另一個是打人遊戲。

心理學家和主持人耳語了一番，然後問她：「你覺得我們剛才在說什麼呢？」

女孩說：「肯定是說我今天的穿著有問題……」

心理學家笑了：「妳聽到我們說的話了嗎？」

女孩說：「沒有。」

「那妳聽到過那些同事說的話了嗎？」

「沒有。」

「也就是說，妳不知道人家說了什麼，卻主觀地認為他們一定是在說妳的壞話。」心理學家繼續解釋，「其實，我們剛才在討論待會吃飯誰要請客吃飯，然後主持人還說她注意到你的耳環很漂亮。」

女孩覺得不好意思了。

心理學家接著說：「其實，我們身邊有人走過時，我們都會下意識地瞄一眼，但不代表我們就一定會談論他。」

女孩聽了之後，若有所思：「可是，很多人都愛說我長得醜，還不會打扮……」

心理學家站了起來說：「我要打妳。妳要是過來，我就打妳。」然後他問：「我打到妳了嗎？」

女孩搖了搖頭：「可是，如果你一定要打我的話，一定打得到。」

心理學家請女孩走到他身邊，這下子，他的拳頭果然可以打到她了。

接著，心理學家又不斷做出要打她的姿勢，但是要女孩不要走過來，然後他說：

「我要打妳，一定要打妳。」隨後他又問：「我打到妳了嗎？」

女孩搖了搖頭：「我明白了。第一次，你說要打我，沒打到，因為我沒走過去；第二次，你打得到我，是因為我走過去讓你打到我；第三次，雖然你說一定要打我，但是我不走過去，你就打不到。」

心理學家說：「有時候，別人確實會傷我們的心，既然我們知道誰要傷害我們，我們為什麼不退避三舍，反而要湊過去讓自己受苦呢？別人說妳不美，妳就一定要用他人的主觀感受來評判自己嗎？」

沒有人有資格打擊你，除了你自己。很多時候，有一些傷害，我們可以不自己製造，有一些傷害，我們可以不迎接。

一位挺有寫作天賦的作家曾對我說，有人在她的微博留言，指責她不是寫作的料，就算寫了書也沒人會出版，還說了一些抨擊的評論。她對此非常氣憤，說不想寫書了。

我就覺得奇怪了：她都還沒寫完，就因為別人幾句話而放棄了準備許久的作品？這是典型的將自己的人生寄託在他人的評判之上的現象。她不明白，自我肯定、自我相信、自我激勵，是我們最大的權利。

我們所能得到的都是自己努力的回報。正如人們常說，如果有不幸，你都要自己承擔，別人的安慰有時候於事無補。所以，**我們沒有必要一邊忍受別人的打擊，一邊獨自難過，我們應該努力把自己的驕傲和快樂寫在臉上**。

當然，有的人確實是嘴臭，似乎不挑挑別人的刺就沒辦法證明自己的存在感。有個作家，總愛評判誰誰誰整天寫也不能把自己寫成中國文學家莫言，寫成中國作家郭敬明。這就好像人家連孕都沒有懷，他就在那裡批評人家的孩子長大沒出息。這樣是不是太過武斷了？這位偉大的批評家好像也沒有寫出什麼驚世之作，連俗作也沒見到呢。

面對這種人，我們實在惹不起、但躲得起。千萬不要自己撞上去找不自在。我們生來必須接受作為社會一分子的關係束縛，但**我們要學會用部分的束縛去交換部分的自由，然後在這些自由裡，成長為更好的自己**。

雖然成長必然充斥著傷痛，但不要因為自己的不自信，就假想他人是在批評自己，沒有人肯定自己，讓自己處於各種關係的不利地位。

英國作家比爾・布萊森（Bill Bryson）的《萬物簡史》（*A Short History of*

Nearly Everything）一書中，有一段很好的話：「**我們要做自己的主人，做自己的上帝。**」很多有益的、甚至只是自己喜歡的事情（不包括違法的），自己喜歡就好。「只要熱愛，就已足夠。」

如果我們做某件事時，希望別人肯定自己，只能說，我們對那件事還不夠熱愛。很多時候我們需要聽取他人的意見，並不意味著我們一定要聽信別人的說法。有時你真的不知道，這些人是不是在胡說八道。

不被別人的言行左右，才能開始做自己的主人。**有時候，你不逼自己，你就不知道自己有多優秀**。就像電影《阿甘正傳》（*Forrest Gump*）裡說的，生活是一盒裝滿了各種口味的巧克力，你若不打開吃，就永遠不知道自己拿出來的是什麼味道。

18 — 請守護你的親密距離

你要知道，老天爺的事你管不了，
別人的事也與你無關。

曾和一位智者討論「黎曼幾何」（Riemannian geometry），我問過他一個問題：「什麼是『數』的本質？」

他回答：「『數』本身所反映的本質之一必然是界限。」一加一等於二，並不是指，累加兩個一模一樣的東西，而是將兩個有界限的某物相加；若沒有區分，數字一和數字二，就失去了數本身的意義。

正如這個世界上沒有完全相同的兩片葉子一樣，世界上也不會有價值觀完全相同的兩個人。早期受的教育不同，童年的經歷不同，讀的書、接觸的人不同，自然信念體系就會不同，看待問題的角度、解決問題的方法也會千差萬別。

有清晰界限感的人會意識到這種不同，並尊重這種不同。而界限感模糊的人，面對彼此間行為的差異時，會非常痛苦：

「你怎麼這樣做事？」

「你怎麼能這樣對我？」

「你怎麼會有這種想法？」

心智不成熟的模式思維讓他們不能理解，為什麼別人不能按自己的想法去做事。由於習慣以自我為中心，而不是理解和接受各自的界限，很難接受差異，總認為別人的做法不對。於是，越俎代庖侵犯別人的邊界。

魯迅筆下的主人翁阿Q，就是這種思維的典型代表。

用三尺三寸寬的木板做成的凳子，未莊人叫「長凳」，阿Q也叫它「長凳」，城裡人卻叫「條凳」，他想：「這是錯的，好可笑！」油煎大頭魚，未莊都會加上半寸長的蔥葉，城裡卻加上切細的蔥絲，阿Q心想：「這也是錯的，好可笑！」

很多類似的思維邏輯，可能造成可笑的場景或帶來某些遺憾。其實，生活中只有三件事：自己的事、別人的事和老天爺的事。**你要知道，你只需要做好自己的事，老天爺的事你管不了，別人的事與你無關**。然而，在我們界限感很差的思維國度裡，認知自我、認知世界的教育，一直是我們所缺少的。

隨意的言論，隨意的資訊傳播，那是界限感模糊的人做最多的事。比如，在朋友圈發給大家一些並不優質卻稀奇古怪的文章。這些文章很可能缺少真正的思考，習慣用極端的例子來說明觀點，而不是用推理來證明觀點。比如，以為別人都不知道，所以轉載一些別人其實並不需要的常識。這些其實都在傳達一個隱藏的觀念：「我學到的就是對的、好的，你一定要知道、贊同。」

這讓我想起了希臘電影《狗牙》（*Dogtooth*）的開場白。它發生在一個奇特的封閉家庭裡，描述了極權的父母用語言表達，來控制三個孩子對世界認知的荒誕場景：「今天，我們要學習的新詞包括：大海、高速公路、遠足旅行……大海是一種皮質沙發，當你累了，你就可以坐在大海上休息。高速公路是一陣強烈的風。遠足旅行則是一種堅硬的材料……」

每一個生命都會因為自己的經歷，而有了無法複製、絕不相同的體驗，因此會有不一樣的認知體系。我們習慣從自己的座標出發，去推測、揣摩、評價另一個人，卻完全忘了，對方也有自己的體驗，有一個與我們完全不同的認知體系。所以，即使我們換位思考，也無法透過理解而精準地知道對方的感受和認知體系，因此可能帶來許多人際關係的認知錯位。

絕大多數人之所以平庸（主要是不作為）地活著，卻又享受不了平凡的快樂，是因為欠缺最起碼的常識和認知能力。他們幾乎都是矛盾的綜合體：既自大又自卑、眼高手低、目光短淺、好高鶩遠、多重標準。有時己所欲施於人，有時己所不欲施於人；心機深、卻又膚淺天真……

把承認道理是對的、和懂得道理，當成一回事，於是導致「懂很多道理，依然沒過好這一生」的情況出現。

因為缺乏邊界意識，所以不尊重別人的選擇，當遇上別人不領情或不買帳的情況時，經常得為自己的自以為是買單。也因為我們一直在為別人買單，然後又有很多「單」指望別人來買，於是吃了很多人際關係的苦頭。

其實，你受的這些委曲，不過是在告訴你，你是可以避開這些遭遇的。我們能做的是守護好親密距離，不去侵犯他人的界限，為自己的行為負責，為自己的選擇買單就好。

重新發現自己，確立自我邊界，完成獨立成長。這真的是一件很難的事。因為我們全部的行為邏輯，都內化在意識系統裡，如果我們想要改變已存在的意識系統，得打碎固有觀念再重建它。

我想，沒人喜歡做這種事。以前認為本來應該的事、本來可以享受的福利和行使的權利，都得否定，那無異於把自己輾碎，然後重新拼湊一個自己。

不管多難，我們還是要重建自我，如果希望未來過得更幸福的話。

說到這裡，我覺得我有必要在本章末尾寫一些總結。

1. 人有權利在痛苦裡掙扎，沒有哪條規定要求所有人都必須快樂，因為某種痛苦的終極意義對於某人的天賦本能來說，不過是兩權相害取其輕的最佳選擇，如果選擇痛苦A可以避免更大的痛苦B，他完全可以選擇A。
2. 人生幾十年如夢如幻，往事如煙，當下的感受和對未來的期待，還是會讓我們追求更多的幸福感和愉悅感，我寫的東西在某個角度來說，可以提供一些認知參考。

3. 善良如我，有權選擇自己喜歡做而又不傷害人的事。

所以，該如何在守護親密距離的同時，慢慢重建自我？我的建議是：

1. 放棄對親密關係的過度在乎，學會在自己的身上尋求支撐和肯定，哪怕因此遭到他人的反對和指責。學會堅持自己的觀點，而不是委曲求全或攀附某人。

2. 時刻提醒自己慣性思維的缺點，隨時跳出自我，反省自己的言行，別因為短暫的感受就馬上肯定或否定。別因為一時看不到惡果，就覺得不需要改變。

3. 你要明白，優秀的人都有能力在不知不覺中努力把自己變成更優秀的人。

4. 誤會和不被理解是常態，不要逼別人懂自己，也不要逼自己去取悅他人。

5. 「一切皆有可能」的意思是，下一秒發生什麼都理所當然，遭遇是非或升職加薪、得病或中獎、失望或驚喜……我的意思是當你掉進井裡時，親友可能會救你，也可能選擇繞路走，甚至朝井裡扔石頭，這些都很正常。老天的事，要好好配合，天下雨就要打傘。殘酷才是青春，吃苦才是人生。

6. 當你能坦然接受一切、客觀認知一切時，請重視承諾，且學會拒絕別人。不會拒絕別人的人通常會答應太多事而做不到，然後讓自己內疚、別人失望……

7. 守護好你的親密距離，不要越俎代庖，也不要「被越俎代庖」，別人的選擇與你無關，人有犯錯或痛苦的權利，你我他都一樣。愛是給予幫助關懷，坦誠地表達自己的觀點，然後深情地擁抱、衷心祝福，告訴自己在乎的人和在乎自己的人：不需要我時，我絕對不打擾；需要我時，我永遠都在。

8. 自己想做的事，只能自己做，不可以假手他人。別人怎麼做事，我們無權干涉，只能尊重和接受，當然，你想知道關係可以壞到什麼程度，可以隨便玩。

第 4 章

你有多好，他就有多壞

有時候，
我們要對自己殘忍一點，
不能縱容自己傷心失望。
有時候，我們要寬容，
但切勿縱容，
要學會說「不」。

19 可以寬恕，但不能忘記

有人說，胸懷是被委曲撐大的；
有人說，時間是最好的良藥。
所有的寬恕，就是和過去的自己握手言和。

從小到大，我遭遇過被嫌棄、被背叛，也遭遇過被整個團隊排擠，被人誤解更是家常便飯。一開始，我會努力解釋，甚至試過刻意討好別人，以求被善意相待。結果，我卻發現根本沒用，於是我乾脆沉默不語，選擇用行動去證明自己。

有人說，**胸懷是被委曲撐大的**；有人說，**時間是最好的良藥**。隨著工作年資的累積，交友圈越來越廣大，自己的興趣也廣，便時常和不同的人玩在一起，被說花心，我也習慣了，從不辯解。但我一直相信人的內心有向善的一面。我堅信，出門在外，總會有許多熱心的人在你遇到困難時出手相助。我也堅信，許多人對他人的傷害都是無心的。但是，靠不住的人還是有的。

那天，我一個人吃過晚飯下樓散步，我突然覺得應該感激生命中所有善待過我與傷害過我的人。我不知道這種感情是不是寬恕，它更像一種內心平靜接受一切的態度。

然而，我也很糾結。一方面，我覺得可以寬恕，但不該忘記，我不能忘記自己身上所有惡劣的、糟糕的，曾經讓人崩潰的、讓人委曲的、讓人想爭口氣的人和事；另一方面，我又覺得盲目的原諒與同情是對惡的縱容，是對善良的褻瀆。

在看韓國電影《今天》之前，我很難想像女主角宋慧喬這樣一個以甜美形象著稱的女明星，有一天會出演一個如此苦大仇深、在內心邊緣掙扎的角色。電影講述她心愛的丈夫被從未謀面的未成年人開車連撞兩次喪命，在一個修女不厭其煩地勸導，以及她自己的內心善良與怨恨的劇烈撞擊下，最後她輕率地選擇了原諒對方。

說是輕率，不如說是一種順其自然、一種被迫，結果這樣的行為又迫使她不斷尋找答案，尋求自己這樣做的意義。她害怕面對真相、面對現實，因為她害怕自己的寬恕是一種錯誤，害怕自己為死去的丈夫做的最後一個決定毫無意義。由於內心的恐懼，她開始自欺欺人，相信自己的決定是正確的，甚至要教化別人跟她走一樣的路，去原諒那些惡人惡行，減輕犯罪者的內疚。

殊不知，盲目地原諒反而成為減輕那些人罪行的捷徑，讓他們提早脫離苦海繼續帶給別人痛苦。**有時候，我們得收收自己的同情心，面對有些惡，不應輕易就揮霍我們的善良。**

莫言登上斯德哥爾摩頒獎台時，自稱是一個講故事的人。那天晚上，他的演講基本上也是由一個個故事串接而成，大部分是他親身經歷過的故事。

我印象最深的是「記憶中最痛苦的一件事」。在這段故事裡，他說到自己少年時，母親去田地裡撿麥穗，被守麥田的人打倒在地、口角流血，而那個看守麥田的人竟吹著口哨揚長而去。多年之後，母子兩人與那個看守麥田的人相遇時，對方已經是一名白髮蒼蒼的老人，莫言想上前去質問他，想為母親報仇。母親卻拉住他，平靜地說：「兒子，那個打我的人與這個老人，並不是同一個人。」

這是一個非常有意思的故事。莫言的母親，顯然已經寬恕了眼前這個白髮老人，但是對那個「打了她、吹著口哨揚長而去的人，並不想讓他知道他已經被寬恕了。當然，善良如她，更不會讓成年的兒子為自己報仇，雖然她並沒有忘記當年的事。

人性有豐滿複雜的一面，黑暗骯髒與純潔善良，很多時候會詭異地融合在一起。人性的反覆無常就是如此，是與非從來就不是絕對的對立。面對那些內心感到愧疚、也曾經倍受煎熬的人，我們可以寬恕，但不能盲目諒解與同情，因為那是對惡的縱容，對善良的褻瀆與曲解。**寬恕只是與過去的自己握手言和，只跟自身的感受有關，需要的不僅是仁慈之心，還有善良的智慧。**

最後，我想講一個很久以前發生的故事。

那天，我坐在公車上昏昏欲睡，突然被經過身邊的某位大媽用胳膊肘狠狠地撞了一下，將我的眼鏡直接撞掉到地上。我撿起來一看，鏡框歪了。我冷著一張臉接受了大媽的道歉，但是心裡極度不爽，我這付眼鏡才剛買不久啊！

下車的時候，一個小男孩剛好經過我身邊，我避之不及，一腳便踢到他。一旁年輕的母親心疼孩子的表情和責怪我的眼神，讓我的頭皮發麻，趕緊道歉，問小孩痛不痛。誰知，小男孩對著我一笑：「一點也不會痛，不痛！」他拉著媽媽離開時，還不忘轉身跟我說再見。

那一刻，我因為寬恕那位大媽而產生的自我道德優越感，瞬間碎了一地。我發現，在孩子的世界裡根本沒有寬恕兩字，因為他們還沒學會怪怨。

20 — 縱容他人，是對自己殘忍

你發現單方面的忍讓、妥協，無益於對改變現狀。

我們生活中、工作中最大的困難，往往不是來自技術上的問題，而是來自人際交往中的一些棘手問題。這個時候，善良如你，很可能選擇退讓，選擇委曲自己，選擇寧願自己受累也要成全他人。然而，時間久了你會發現，**單方面的忍讓、妥協，無益於改變現狀**。你發現用這樣的方式經營人生，只是讓對方更加得寸進尺。

李丹是某公司老總的女兒。大學剛畢業的她不願意進入爸爸的公司接受庇護，她想先去其他公司好好鍛鍊一下，在自己真正有能力之後，再進爸爸的公司接受更高職位的安排。

爸爸對女兒的想法表示贊成，李丹透過爸爸朋友的介紹去面試了幾份工作，最後進入一家公司。剛開始一兩個月，李丹的部門經理，也就是她爸爸的朋友，對李丹很照顧，再加上李丹確實很有能力，因此工作得舒心而快樂。然而，兩個月之後，原來的經理升職了，來了一個新的部門經理。這下子，李丹的日子不好過了。

新經理剛上任還沒有幾天，就調李丹去做沒人願做的苦活。她實在不能忍受，想辭職。但轉念一想，這份工作得來著實不易，前任經理又對自己器重有加，更重要的是這份工作是自己喜歡的。如果現在捲鋪蓋走人，會讓爸爸和前任經理失望，也正中了現任經理的下懷。

想到自己當初的豪言壯語，她覺得不能就此認輸。不過她清楚自己不能再容忍了，必須採取一些行動，讓自己在部門有立足之地。

有一次，現任經理把自己的一份檔弄丟了，結果卻不知怎麼在李丹的辦公室裡找到了，於是現任經理借機找她談話。但是，他沒想到李丹竟然拍桌子對他說：「在沒有調查清楚事情的真相之前，我希望你不要如此定論。首先，我沒有拿你檔案的動機；其次，你無權未經允許就翻員工的物品；最後，我要正式申訴，大家都是一樣的工作時間，你安排給我的工作量卻比其他同事多出好幾倍，這不合理，我保留向公司申訴的權利。」

經過這麼一吵，雖然現任經理怒不可遏，但李丹說的句句在理，他只得忍氣吞聲。從此，他對李丹的態度開始有所改變。

接著，李丹決定以自己的實力贏得經理的尊重，時時事事都做到精益求精，好上加好，讓現任經理無可挑剔。如此一來，李丹的業績進步神速，接連做了不少案子，連原本對她不是很熟悉的公司總裁見到她，也總是面帶微笑和她打招呼，不忘鼓勵她幾句。

面對現任經理對自己的百般刁難，李丹剛柔並濟，既不懦弱也不自傲，而是在隱忍中恃機而發，透過自己的努力維護自身的利益，一舉成功，既讓上司知道自己的隱忍，也讓上司知道了自己的底線，一切都讓他掂量著辦。這就是一種與上司相處的自我保護智慧。

也許，你也曾傻乎乎地以為善良就是一切為別人著想，自己的一切都可以放棄，自己可以受委曲，而對方終究會理解你，甚至被你感動。而事情並非如你想像。沒有底線的善良、寬容、退讓，其實就是縱容，會讓對方得寸進尺，最後把自己逼到牆角。

《撒哈拉的故事》作者三毛說：「有時候我們要對自己殘忍一點，不能縱容自己的傷心失望；有時候我們要對自己深愛的人殘忍一點，將對他們愛的記憶擱置。」

幾年前，我有一個同學因為出國的事情與男友爭吵，最後兩個人分手了。她不僅刪了他的所有聯繫方式，還在他守在宿舍樓下時，往樓下潑冷水。宿舍的女生一面倒地同情那個男生，覺得她太殘忍了。

接下來的日子裡，深夜裡總會聽到她隱忍的哭聲像一隻小貓的叫聲衝破寂靜的黑暗，停了又起，起了又停。畢業後，她去美國讀博士。後來一個偶然的機會，我向她提起那段校園愛情，說到她的狠，她說：「我不是對他狠，我是對自己狠。」

這是一個智慧的女子，不僅懂得不縱容他人，更懂得不縱容自己。而現實生活中卻有太多過於柔弱的善良小女子，在容忍中耗盡了愛情。

朋友小A原本是個知書達禮的好女子。別人視為洪水猛獸的婆媳關係，她卻不以為意，覺得自己和男友是真心相愛的，平時和父母關係親密，將來只要自己也對婆婆好，將心比心，又怎麼可能有矛盾呢？

懷著對幸福的憧憬，她與男友小王走進了婚姻的殿堂。遠在北京的我看到她中國社群媒體QQ空間裡滿滿的幸福照片，也忍不住發出衷心的祝福。像她那樣一個楚楚動人的善良女子，值得任何一個男人終生呵護。

過了兩年，他們有了自己的寶寶。看到小寶寶的照片，我想，這真是一個幸福的女子，有一個愛惜自己的老公，有了自己最心愛的孩子，一家人能如此甜蜜地生活下去，夫復何求？

沒有想到，過了半年卻傳來小A離婚的消息。電話裡，我大為詫異地問：「怎麼回事？你們不是很恩愛嗎？」她輕輕地一笑，掩飾不住滿心的憂傷：「我敗給了他媽，敗給了他們全家了！」細問之下，她才道出苦衷。

結婚之後，婆婆就搬進了他們的愛巢，說年輕人不懂照顧自己。小A本來也想和婆婆搞好關係，所以不顧丈夫的反對，同意讓婆婆過來同住。第二天，她就開始不適應了。婆婆習慣早起，雖然她早起也只是為他們準備早餐。可是在婆婆的觀念裡，小A沒有上班（小A是編劇，不需要上班）就應該早起幫家人準備早餐。小A說她要幫電視台寫劇本，會工作到很晚，但是婆婆就是不聽她的解釋。

有一天早上，小A正在睡夢中，突然被婆婆叫醒：「天氣變冷了，妳有沒有提醒老公加衣服？妳做人家太太現在還在睡，這樣像話嗎？」小A昨天改稿改到凌晨三點才睡，一大早又被罵醒，而且丈夫都是成年人，難道不知冷熱……

其實，她婆婆一直覺得小A和兒子結婚，是她占了便宜，因為她「沒上班」，而且自己的兒子又優秀，小A根本配不上他。

衝突在小A懷孕時開始升級，小A在家裡只能吃婆婆最喜歡做的那一兩樣菜，想出去換換口味都會被婆婆數落。坐月子時，婆婆打麻將，丈夫加班……如此一來，萬分委曲的小A終於爆發了，開始跟婆婆吵架。有一天，婆婆竟然惡意向她兒子告狀，說小A因為一件小事罵了她，還在坐月子的小A，竟然被氣憤的丈夫打了一巴掌……

兩個人的愛就這樣漸漸地消耗殆盡，為了過得安寧一點，小A選擇了離婚。

一時的包容忍讓誰不會呢？包容你到脾氣無上限最後拍拍屁股走人，那簡直是再容易不過的事情了。但懂你的人，一定清楚怎樣相處，他明白自己的忍耐極限，因而不會一味地縱容你，他會把你往利於良性迴圈關係的方向導引。

所以，別讓自己生活得太累，任何關係都需要共同維繫，那是彼此的義務。**要敢於叫對方承擔責任，要寬容，但切勿縱容，要學會說「不」**。記住，對他人過分容忍是對自己的殘忍。我們要善於做一隻溫良、但有武器的刺蝟，適當地為自己爭辯。在該強硬的時候強硬，該溫和的時候溫和。

21 ─ 想給他人力量，先讓自己發光

人生苦短，別用不適合自己的生活方式害自己。

人生最痛苦的往往不是失敗，而是「我本來可以的……」。也有那麼些年，我不知道人生的意義是什麼，不知道活著是為了什麼。每個人都會有這樣一段迷惘的時光。首先，我肯定迷惘一陣子是好事。至少說明我們還有追求，對生命的意義還有追問，還想搞清楚自己要的是什麼。

人生最可怕的是不知道自己要什麼，人云亦云，依附他人，或者將別人的成功（財富、名氣、影響力），簡化成自己的目標（賺錢、出名、向上爬）。然後以為這些就是自己追求的，拚命努力，卻發現所有的結果都不是自己想要的，沒有成為自己想要

成為的那個發光發熱的人。最後，既沒能照亮自己的人生，也不能溫暖別人的人生。

人生苦短，別用不適合自己的生活方式害自己。雖然**堅持自己喜歡的**，不一定**能很快成功；但堅持自己不喜歡的，一定很難成功**。所以我經常跟一些迷茫期的朋友說，如果工作不是自己喜歡的，我勸你「馬上換，一秒都不要耽誤。」但也有的人，換了無數個工作，沒一個做得長久的。這個工作覺得瑣碎，那個工作覺得無聊，這個工作覺得有難度，那個工作覺得心累。怎麼辦？

我覺得，這是一個缺乏基礎能力的問題，不是單純喜不喜歡的問題。比如，有人想當演員，可是沒有演技，只能苦哈哈地跑龍套、當配角，他也會覺得很苦、很累。這個時候，我們就要問自己，究竟是工作自己不喜歡，還是沒有能力做好自己喜歡的工作？很多時候，不是我們工作的行業不適合，而是工作的具體內容不適合，我們必須經歷過那些不適合我們的工作，才能勝任我們喜歡的。

我原來是做行銷的，雖然很努力，但是內心非常排斥與人交流，所以做得非常痛苦、非常惶恐。那時候我懂了這個道理：**不是因為我工作的行業不適合我，而是我必須掌握那些看上去很無趣的技能之後，才有機會去做自己最喜歡的事**。

我認識一位老師叫做元小畢，他一開始想做工程師。但是工程師有很多種，比如設計工程師、應用工程師、測試工程師、分析工程師。按照他的專長，最適合他的職位是技術工程師。可惜，他被分配到應用工程師。每天跑上跑下，保存樣品，做實驗，做完實驗後，還要拆卸檢驗。

這與他最初設想的工程師生涯不符，他每天都過得很沮喪、很糾結，每天都問自己無數次，如何擺脫不利的環境，走出陰霾的人生。有一天，他無意中聽到公司高層對大家說：「你們有這麼好的語言環境，要好好和辦公室的老外交流啊！」一語點醒夢中人，他決定提升語言能力作為職場發展的突破口。

為了克服不敢與外國人交流的心理，他每天問自己怕什麼，並對自己說，你只是小畢，別以為別人會在意你。說錯了大不了被笑，又不會死。如果不去嘗試的話，永遠不知道結局是什麼。但是努力過，總會有收穫，即使失敗了，也可以知道下一次如何避免重蹈覆轍。

小畢開始行動。他先看中文版的工作內容，再看英文版的工作內容。把內容搞懂後，拿著英文版去找老外請教。問外國專家問題只是一個方式，學習專業知識和英語表達才是重點。他給自己制訂了一個計畫。每天上午問一次，下午問一次，每次兩個問題，之後回家就自學，每天堅持學習英文和專業知識四小時。

從一開始的不敢開口，到每次問問題時多聽少說，再到後來的簡單回應，他的口語能力逐漸提升，克服了對專業英文知識的恐懼。他的心情好極了，就算說到不熟悉的內容，他也不怕。因為他知道，英文只是交流的工具，講不清楚的時候，還可以搭配手勢，實在不行，還可以寫下來。他再也不會在乎其他同事的看法，有工作就忙，空閒時間就找外國專家聊天，然後回家就是寫英文日記。

不久，由於職位變動，他變成了一名測試工程師。後來，他又做了分析工程師。最後，由於他的口語能力出眾，跳槽到另一家企業做品質工程師時，獲得了出國深造的機會。由於他是少數幾個能到國外接受培訓的人，那些技術標準之前他跟外國專家交流已經有所接觸，於是，改聘他為技術工程師。

那一刻他明白了，那些年打過的雜、受過的苦，都只是為了今天成為一名技術工程師的機會。

奮鬥的路上，選擇了，就要一步步走下去。人生不迷茫，先得自己堅強；要想給人力量，先讓自己發光。幸運就是努力學習，努力提升自己的能力，機會出現的時候，可以抓得住。如果我們今天不去嘗試，不去勇敢面對自己、提升自己，將來老去，必定後悔不已。

22—不抱怨，不過別人嘴上的人生

想得多，做得少，
抱怨越多，成功越遠。

人總是容易被別人的話語打動。我們生活的環境裡，也有些人打著善意提醒的幌子，把自己的想法強加給他人。明明羨慕別人身材苗條，嘴上卻說，「你太瘦了，要多吃點。」明明自己有一顆玻璃心，嘴上卻經常勸別人，「大氣一點，想開了沒有什麼過不去的。」

掛在別人嘴上的人生，就是你的人生嗎？「如果你沒瞎，就別從別人嘴裡認識我！」總有人說，你是什麼人便會遇上什麼人，你是什麼人便會選擇什麼人。然而很多時候，你面對一個困境：為什麼別人這樣做行，我做就不行？於是，你總是抱怨個不停。

想成為一個什麼樣的人，就要朝著這樣的目標去努力。

香港富商李嘉誠講得好，為什麼你一直沒有成就？

因為你隨波逐流，近墨者黑，不思上進，死愛面子！因為你畏懼你的父母，你聽信你親戚的話。你沒有主張，你不敢一個人做決定。你觀念傳統，只想打工賺點錢結婚生子，然後生老病死，走和你父母一模一樣的路。因為你天生脆弱，腦筋遲鈍，只想按部就班地工作。因為你想做無本的生意，你想坐在家裡等天上掉下來的禮物！因為你抱怨沒有機遇，機遇來到你身邊的時候你又抓不住，因為你不會抓！因為貧窮，所以你自卑！你退縮了，你什麼都不敢做！你沒有特別的技能，你只有蠻力……

誠然，我們如何行動，取決於我們對世界的解讀。**想得多，做得少，抱怨越多，成功越遠**。我怕你嘴上掛著許多抱怨，終將成為你的人生。

我也在想，人之所以抱怨，原因很多。其中一種情況可能是，因為被人使喚、身體沒有自主權，或者受了別人的氣，因為痛苦而抱怨。

一種可能是期待落空了而抱怨，比如：媽媽希望孩子好好地寫作業，孩子就是不聽話；妻子希望老公能記住自己的生日，可是老公還是忘記了；婆婆希望媳婦下班之後多做點家事，不要使喚她兒子，可是媳婦動不動就讓她兒子代勞……建立在別人身上的期待落空之後，就會抱怨，這是一種欠缺對外界控制權的抱怨。

還有一種抱怨是抱怨的衍生版，即希望破碎。一個辛苦供老婆讀完博士的男人，沒有得到老婆的恩情回報，最後以離婚收場。一個終日為了丈夫忙裡忙外還被嫌棄的女人，得不到預期中愛的回報……如是種種。

我們不會抱怨那些不會與自己發生利害關係的對象。

比如，我絕不會抱怨住對面的小姐對我不友好，因為我沒有和她往來。我絕不會抱怨鄰居沒有錢，因為我又不打算認識他們。我更不會責備樓下超市的小姐工作偷懶，關我屁事？

但我們會抱怨男友的某些行為讓我們為難，因為我們真的為難了；我們會抱怨公司同事愛聊天，因為有時會影響我們；我們會抱怨父母不愛我們，他們總拿我們和別人比較，打擊我們的自尊、製造精神壓力；我們偶爾也會抱怨快遞送件延誤，害我們白等，我們那麼急著要看資料……我們還會抱怨衣服又變小件了，刀子又不好用了，下雨路不好走……一切的一切，都是與我們有直接利害關係，才成為我們抱怨的對象。

然而，抱怨對改變我們的現狀並沒有什麼用，我懂得這個道理，你也懂得這個道理，所以**不要再抱怨了，也不要過別人嘴上的人生**。請遠離那些喜歡抱怨、指責和發脾氣的人，這樣的人充滿了負能量，只想把你拉進他們的感受裡，而不是和你一起解決問題。做個不挑剔、不抱怨的人，不要等到不可收拾，才後悔自己浪費了情緒，還失去了自己在乎的人或工作。

我們是誰，取決於我們的行為讓我們成為什麼樣的人。當你發現你總是得到你不想要的東西，請看看自己是不是總在做與希望背道而馳的事。當你發現自己的行為總與期待不一致，請看看自己解讀世界的方法是不是出了問題。

如果你留意一下，會發現無論電視還是電影，真正讓人感動的不是主角很輕鬆地獲得幸福，而是他們獲得幸福的過程萬般艱難，我們總為他們克服艱難的勇氣和智慧所感動。幸福沒有那麼容易，他們可以幸福，是因為他們擁有著我們所沒有的克服困境的能力，可以經歷那些我們不願體驗的艱苦過程。而我們的滿足，也恰恰來自於他們克服了困難。

有時，我們自以為能主宰什麼，但現實卻殘忍地讓我們發現自己毫無能力，是什麼也控制不了的可憐人。有時，我們自覺一切不是可控制、可理解、可接受、可逃避的災難，我們卻發現似乎冥冥之中有一雙手，在幫著我們。

你要感恩上蒼的眷顧，還是抱怨命運的不公，完完全全端看於我們怎麼理解自身的遭遇。

23 — 照顧別人之前，先把自己顧好

善良其實也是一種能力，
雖然這樣說似乎有一點炫耀的意味。
要嘛選擇自己喜歡的，
要嘛喜歡自己選擇的。

前幾天，朋友打電話跟我傾訴，他最近的情緒非常低落，感覺工作沒意思，但是又不能不工作，不工作就沒收入，所以很痛苦。

生活中有很多人和我朋友一樣，為人本本分分、善良溫順，做著自己不喜歡的工作，在痛苦中數日子過活。唯一的盼望是每個月的薪水。不敢跳槽，害怕找不到合適的；不敢辭職，害怕失去經濟來源。

如果一個人無法享受工作的過程，可能很難創造出工作的價值。當金錢奴隸的感覺肯定不好，但我想問，為什麼我們對財富的追求欲望那麼強烈，以至於很多人寧願坐在寶馬裡哭，也不願坐在自行車上笑？背後隱藏的原因，可能是我們需要一種安全感。

生存本能決定了，只有我們擁有抵抗生存風險的能力，對身邊事物有支配力的時候，內心才會有安全感。物質的富有程度在一定的層面上，關係到我們抗風險的能力。同時，它還決定著我們可以自由支配的時間和自由生活的方式。

然而，世間安得兩全，不累肉體、不累心？

我們生存於世，常常是身體很苦而心也不輕鬆。比如，睡覺對我來說是人生最重要的事，其次才是物質生活。如果哪天沒有睡好，我會覺得特別難受，覺得自己沒有精神（完全是心理暗示），然後就想找機會發洩這種難受的情緒。可是，為了薪水，我必須每天早上七點多拖著疲乏的身體起床，然後一邊回憶昨夜的夢，一邊想著彼此毫無關聯的事，一邊為自己剛想到的精妙語句，但瞬間又忘記了而後悔不已。就在這樣的胡思亂想中洗臉、穿衣。

我只記得，一路上陰晴不定，風雨兼程，難得欣賞萬里晴空和雨雪紛紛。我心中那個難受啊……身體累、心累、大腦累，總之一個字：累！

後來，我開始反思，為什麼會覺得身體累、心累？是不是因為我們必須為了生存，而犧牲生命中部分時間和空間的自由？如果物質富有，也許不用犧牲時間去換取空間。

因為我們只想做支配者，而不是被支配者，所以凡是支配我們的，都會讓我們覺得失去了掌控感，失去了安全感，因此讓我們感覺累，讓我們感覺沒勁兒。這也是人們對那些對自己呼來喚去的人，十分反感的原因。

我們在累裡終日計較得失，然後又逼著自己去做不喜歡的事，成天跟自己較勁，而不敢打破被動的生活模式。我也希望找到一種雙贏的模式，讓我既感覺愉快、又能得到較好的物質回報。但是，親愛的朋友，這樣的生活不是一開始就會有的。我們通常要面對的是魚和熊掌不可兼得，而不是兩全其美的局面。

面對自己不喜歡的生活，有選擇就有得失，想要自由，就不能怕清貧，想要獲得更豐富的物質滿足，就不要怕辛苦。

我們要嘛選擇自己喜歡的，要嘛喜歡自己選擇的。所以，當朋友問我，工作不喜歡怎麼辦，我就直截了當地建議：離職！離職！離職！你不喜歡，你就不會投入；你不投入，你就做不好；你做不好，就不可能對工作有掌控力；你沒有掌控力，就會覺得活得很累、很失敗；你覺得很累、很失敗，就會更加地不投入。親愛的，你就這樣陷入了惡性循環，哪有精力照顧他人……

這就是為什麼，有的人在習以為常裡走向平庸，本來滿心善意希望照顧家人，結果往往只能在一些小事上提供幫忙。弱弱地告訴你，操控力或掌控力，就是所謂的自我實現，**而你的世界之所以不像你期望得那麼好，不過是因為你還不具備相應對的生產力，所以你有心而無力**。

一個剛畢業的女孩想應徵一家網路公司的產品經理，要求月薪不低於人民幣十萬元。人力資源經理問她：「你知道一個產品從項目可行性研究報告開始，到完成生產投入市場的具體流程嗎？」她搖搖頭奇怪地問：「這些不是技術員做的嗎？我適合做管理……」

人力資源經理又問她：「那你的技術員因為產品遇到問題求援，你怎麼解決問題？」她繼續辯解：「這個事情應該有專門的人去解決，我只要安排他們去做就好！」

人力資源經理被嗆壞了：「你要知道，在我們這行，一個沒有工作經驗的人不可能馬上月薪人民幣十萬元……」她不服氣地說：「我一個同學剛畢業就進了一家國營企業，人家月薪就不止十萬……再說，北京物價這麼高，我不可能去做連保障基本生活都不夠的工作……」

人力資源經理徹底崩潰了，找了個藉口將她打發了。

那天，人力資源經理還面試了另外一個苦惱著要不要跳槽的男生。

那時，他已經在同業工作了一年，理論上就算經驗不豐富，也應該具備基本技能，人力資源經理比較看好他。然而，他卻糾結於公司的待遇沒有比之前那家好，心中頗為不甘。

他不斷追問薪水、具體有哪些福利，當人力資源經理告訴他，工作頭三年，不應該計較薪水的時候，他說：「我得保障我的最基本的生活。你看，現在這個工資，交了稅費、房租，扣除交通費和伙食費，基本上剩不了多少。我總得買衣服，請朋友吃吃飯什麼的吧？這樣的薪資，根本不夠……」

人力資源經理覺得他們所要求的基本生活太高了。經理從業兩年，待遇是人民幣五千元基本工資，加人民幣八百元餐飲補貼，這在北京絕對是拉低平均工資水準的一個數字，但他並不覺得基本生活得不到保障，也不輕易放棄這個依然喜歡的工作。

他真的不覺得開口要求月入人民幣十萬元是合理的，雖然應徵者所說的種種現實狀況，他也都能理解。即使公司付得起這個薪水，他還是會考慮對方是否具備對等的工作能力——真給了他們那樣的職位和薪資，他們能夠勝任嗎？

同理，如果你是老闆，沒能力，但是心地善良，對員工很好，可是員工跟著你沒什麼前途，你覺得員工會怎麼選擇？我覺得，**善良其實也是一種能力，雖然這麼說似乎有一點炫耀的意味**。

「善由心生，善良是一種選擇。」這是我至今聽過最好的詮釋。有求必應的善良，不是一種正常的行為。哪怕你的善良是與生俱來的性格，也要看你是否有能力照顧他人。

24 不懂得拒絕，慢慢地你就被毀了

輕諾則寡信。

這往往是善良的人變得不誠實的開始。

曾經有一個極有天賦的學弟，到一家公司後表現得很友善，主管吩咐他做任何事他都會爽快地答應。

但是沒多久，主管發現交待他的工作，他都完成得特別慢。一開始，主管以為他性格散漫，所以找他談話，後來才發現，因為他對業務流程不熟悉，導致工作無法完成。最後，他覺得自己真是吃力不討好，沒多久乾脆離職了。他之所以離職，只不過是因為他不敢拒絕自己無法完成的工作。

我還遇過一個沒有工作經驗的畢業生，她在應徵筆試時，其中一個自己不太瞭解的問題，寫了一個自以為是的答案準備矇混過關。結果她沒有被錄取。她失去機會的原因，不過是她不好意思在那一道不懂的問題下留下空白。

我相信，如果可以的話，多數人都不希望別人對自己失望，所以都不想把美好的承諾變成令人失望的結果。只是大多數時候，我們總是因為不忍拒絕他人，而承諾太多自己做不到的事，以維護自己的面子或尊嚴。

於是，**輕諾則寡信。這往往是善良的人變得不誠實的開始**。我們有一種拒絕面對自身局限的慣性，不願意讓崇拜者或自己在乎的人失望，以至於絕大多數時候，我們幾乎在都說著各種不同程度和類型的謊言。

我們不敢說實話，因為害怕得罪人，因為害怕自己令人失望。很多情況下，善意的謊言似乎成了一種必備的能力。因為沒有能力承擔誠實的後果，所以我們選擇了欺瞞，或者選擇了隱瞞。雖然我們有種種藉口，如果不想傷害別人，不想主管生氣，不想媽媽擔心，不想男（女）朋友或老公（老婆）懷疑……種種打著不想傷害別人旗號的欺與瞞，其實最終都是為了讓自己好過一點。

為了讓自己好過一點，我們不停向他人兜售幻覺。可惜所兜售的那些幻覺，總是離現實太近。我們所說的話太容易被拆穿——明天就給你結果、保證下週弄出來、下個月一定完成。就像我多年前和媽媽承諾，我長大後要買給她最貴的貂皮大衣，可是我長大很多年了，連件像樣的衣服也沒買給她過，更別說貂皮大衣了。

為了讓自己在心靈舒適區裡待得更久一點，越是善良的人越不懂的拒絕；然後，面對承諾又只得拖延或者逃避，結果自己把自己活成一個笑話。因為想讓他人高興，總想得到他人的認可，所以我們在不懂拒絕的背後，要尷尬地面對被拆穿的那一刻……

我也相信，只要不是以欺騙謀求純粹物質性利益的人，都不會是惡意的欺騙者。每一個人每一天或多或少說著動機不一的謊言，但多數時候，我們只是為了讓事態平衡，衝突放緩，減少他人對自己的敵意，雖然這也是自私的行為之一，卻與「己不欲，勿施於人」的道理不謀而合。如果你不想被他人傷害，那麼就不要傷害他人，這也是多數非絕對欺騙性謊言得以存在的基礎吧？

不過，多數以「照顧他人感受」為藉口的違心之言、違心之舉，往往傷人更深，有時比直接遭遇物質性欺騙還讓人痛苦。因為物質上的欺騙牽涉的對象多半是陌生人，涉及情感成分較淺，導致的損失也多為純粹物質或經濟損失；而顧念他人感受的違心之言，對象多半是熟悉的人，涉及的情感成分較深，造成的痛苦則多為精神上的愚弄，重則導致一個人對你的觀感完全崩潰。你費了九牛二虎之力取悅他人，最終卻辜負了他，得到的自然是他的不滿甚至怨恨……

之所以出現這種情形，是因為我們一開始不敢拒絕。如果我們希望未來的生活不那麼失控，我們就要學會誠實，不要因為害怕他人否定自己的價值，而輕易承諾或不懂拒絕，無論對方是誰。**我們要面對最真實的自己，接受自己是一個普通人的事實。**如果對自己都不誠懇，又何以善待他人？

人生寄一世，奄忽若飆塵。請適度地學著拒絕，雖然一開始的時候會很難受，別人也會覺得驚訝。但是，誠實就是你的人生信用卡，你越是按期還錢，銀行就越願意把錢借給你。要知道，我們的承諾，是對他人的負債，你遲早要還的！

從現在開始，承認自己有一些事情做不到，放棄一些不合理的掌控欲，承諾自己可以做到的，然後心安理得去享受自己所得到的就好。

第 5 章

你沒那麼堅強，只能獨自堅強

傷害你的人從來沒想過要幫助你成長，
真正讓你成長的是你的痛苦和反思。
經歷本身沒有特殊的意義，
讓它變得有意義的是你的堅強。

25 學著「示弱」，別憋出內傷

如果你承認了自己其實沒那麼堅強，
你還會這麼死撐著嗎？

一個小孩和他的父親在花園裡玩耍，父親請他將一塊大石頭搬開。但是，那塊石頭很大，小孩根本無法搬起來。他非常地用力，大汗淋淋，但父親看著他說：「你還沒有竭盡全力。」

那個孩子很委曲：「我已經盡全力了。我不知道還能怎麼辦？」

父親說：「你還沒有竭盡全力，因為你還沒有請我幫忙！」

很多時候，我們面對困境只是一味地堅持。

如果你承認自己其實沒那麼堅強，你還會這麼死撐著嗎？

我聽說過一個大學生的故事。我們暫且稱他為小趙。小趙是他們村子裡的第一位大學生。為了供他讀書，家中幾乎算是傾家蕩產，所以他身上一開始就背負著全家人的美好願望，大家都指望著他找一份好工作，然後讓家人過上好生活。

小趙畢業後到一家商業銀行實習，和他一起進這家銀行的實習生有十多個，他是唯一一個來自農村的孩子，成績最好，表現得最勤快，很得上司的賞識。實習結束後，只有表現最好的兩個人留了下來，他是其中之一。

父母覺得終於盼到了，他也覺得生活可以過得更舒適了，出於孝順，他決定將父母從老家接到北京跟他一起生活。然而沒想到才到了第二年，小趙的人生就發生了巨大的轉折。他要贍養父母，還要承擔弟弟的學費，經濟壓力大幅劇增，最後他竟然因為一件小事丟了工作。

那年，他已經結婚了，還在郊區供了一間套房，每月的收入只夠開支，基本上是月光族。但是他不想讓父母擔心，也不想讓別人看到他的困難，依然按以往的生活標準死撐著過日子。

父親愛抽菸，他不想給父親買便宜的菸，又沒有閒錢，偶然的機會，他開始悄悄地從銀行接待處拿一些招待客戶的香菸回家。一來一去之間，有一天被經理撞見了。儘管小趙又是寫檢討書又是找人求情，依然沒能保住工作。一時的糊塗毀了他的前途。

離開銀行之後，他沒找到一份像樣的工作，為了讓一家人有個安穩的生活，他找了沒有發展前景、令人厭倦，但薪水還算夠用的工作。因為家裡要養的人實在太多，貧賤夫妻百事哀，他妻子承受不了壓力，原本感情甚好的兩人，最後竟然協議離婚。

有時，小趙下班回家，在地鐵上就忍不住想，如果當初不那樣死撐著，早點跟妻子和父母攤牌，一家人好好的協商，比如讓父母回老家，種農過日子，他再寄些生活費回去，等生活真正好起來，再接父母過來一起住，也許可以過得更從容一些，也就不會導致最後這樣的結局。

他覺得是自己硬要背負的東西太多，不好意思求助，不好意思委曲父母，不好意思放下自己的虛榮，這種處處好強的性格毀了自己。

也許，你和小趙有一樣的難處。也許你最近幾年遇到的挫折也比較多，但是憑著自己的堅強一次也沒有倒下。你在外地打拚，經常打電話給父母，心裡其實很需要安慰和鼓勵的時候，得到的卻總是他們善意的規勸，他們總說，你要努力，要好好的工作，要照顧好自己。

然而，那個時候聽到這些，也許你會更難過，那種孤獨感根本擋不住。於是，有一天，你終於撐不住了，打電話跟家人說，「我受不了了，我失去自信了，已經在崩潰的邊緣了。」沒有人鼓勵你、引導你，所有的事都是靠自己死撐，你每天要跟自己講很多的大道理，才能堅持下去不倒下。這時，你爸媽才告訴你，其實在他們心中你很棒，他們正是因為覺得你做得很好，才覺得沒有必要給你什麼鼓勵。

你掛掉電話就明白了，可能很多人跟你一樣，越是外表看起來光鮮，越是在死撐著，所以不會跟人求救，更不會向誰示弱，以至於沒有人無法理解你心裡的脆弱。然後，你才真正明白了那句話，「適當示弱，才能拿到OK繃，止住血；一味好強，就只能自己拚命生產抵抗力，慢慢治癒創傷。」

如果你知道請求幫助沒什麼的話，你還要把自己憋出內傷嗎？更何況，在生存的智慧（包括人際關係）裡，示弱並不等於弱者。相反地，它是一劑良藥，適當地示弱，適當地開口尋求幫助，更能取得事半功倍的效果。

最典型的例子是，對許多女性來說，聰明的示弱可以為她們贏得更多的幸福。比如，有一類的示弱是溫柔。

女人：「哎呀，你說了算……就聽你的。」
男人：真有面子！

比如，有一類示弱是謙虛。
女人：「啊！這個我不會呀……還是你厲害！」
男人：心花怒放！

比如，還有一類示弱是策略。
女人：「啊！我很笨的，恐怕不能把事情做好。」
結果女人做得不錯，男人：刮目相看！
結果女人做得不好，男人去補救，就回到了上一項。

26｜太在乎別人，就只能自己受苦

「先己後人」，也許聽起來很冰冷，
但它會幫你和這個世界好好地相處。

如果你問了一個問題，你的朋友給了你各種各樣的答案，但是無論你選擇聽從誰的建議，只要你做錯了，其他人就會跳出來教訓你，說你當初如果聽他的就會怎樣怎樣。

我認為問題的關鍵是，你不可能一輩子遇到事情都聽別人的建議，更關鍵的是，沒有人永遠是對的。只要你聽錯一次，又會有人出來說同樣的話。你要知道，**如果讓那些給你建議或指責你的人，經歷你所經歷的事，他不會做得比你更好，所以他們沒資格評論你**。但是，大道理誰都懂，怎麼做，卻千差萬別。

小蘇是一個很在乎別人看法的人。上大學時，有一次他和朋友到江邊的公園玩，因為事先看過天氣預報，知道會下雨，所以都帶了傘。下午快四點的時候，路過一條都是小攤販的商店街，突然下起雨來，攤販人群以最快的速度散開躲雨。

小蘇和朋友也很快躲到了路邊的屋簷下，然後小蘇注意到馬路中間有一個沒有腿的乞丐，正努力地用雙手往對面的屋簷爬去。雨順著他已破爛的衣服流了下來，他的頭髮溼透了。他低下頭努力讓自己不被雨淋溼，繼續努力地往前爬。

當時小蘇的第一個反應就是打開傘，可是他正要走過去的時候，卻發現周圍的人沒有任何動靜，他們平靜地看著乞丐在雨中挪動，於是小蘇猶豫了。「大家沒有看見那個乞丐嗎？」他詢問自己的同學，想從他那裡得到一絲鼓勵。「要不要過去幫他打傘？」他小心翼翼地問。「不用吧，大家都沒有過去，他一會兒就到了吧。」

小蘇退回到屋簷下，收了傘，默默地低下了頭。乞丐的確不久就爬到了屋簷下，很快地雨也停了。只是那晚小蘇躺在床上的時候，總是睡不著，一閉眼，腦海裡就浮現乞丐在雨中低著頭、努力靠雙手向前爬的樣子。

為什麼不過去幫他打傘，明明有這個想法，為什麼不去做？因為大家都不去？因為怕別人覺得自己很做作？因為害怕做出跟大家不一樣的舉動？因為太在意別人的看法？

很多時候對我們來說，別人說什麼似乎很重要，別人會怎麼看我們似乎也很重要，但重要的其實是，我們獨一無二的生活塑造了現在的自己，我們要有堅持做自己的理由，這個理由也只有我們自己才會知道。那些所謂的別人對我們的看法，只是自說自話罷了。如果我們完全聽信，那就活該，我們自己糾結，自己受苦。

我很早之前就明白了一個道理：**先己後人。也許聽起來很冰冷，但它會幫我們和這個世界好好地相處**。這是我給一個來諮商的女孩開的心靈處方。

她曾經也過分在意他人的感受。上大學時，她不敢在寢室裡哼歌，怕打擾室友。即使是冬天，也堅持去陽台打電話。如果晚上八點以後室友在的話，她洗完澡會到樓下樓管處的阿姨那裡吹頭髮。

如果這些小事還算在她體貼同學的範疇內，某些時候，這些習慣則真切地造成她的生活困擾。工作之後，她甚至不敢跟半夜打呼影響睡眠的室友反應，她只會跟男朋友哭訴。只要室友說她新買的衣服有什麼不妥，她就不敢穿出門。她一度也很痛苦，覺得一直在努力善待身邊的人，卻沒得到相應的善待。

慢慢地，她發現自己的善意根本是多餘的。她的室友會唱幾個小時走音的歌，也會在客廳裡大聲講電話，一大早有人還在睡覺的時候照樣吹頭髮。

我告訴她應該「先己後人」。我的本意並不是教她做一個自私的人，只不過人活在世上，首先應該考慮「我想做什麼」、「我想要什麼」，再考慮這件事對他人的影響，最終決定要不做，或者在何種程度上遷就他人。很多人不會照顧你的感受，而你也不必時刻遷就他人，誰都沒有這樣的義務。真的，太在乎別人，只會讓你自己受苦，特別是在兩人關係當中。

我跟她分析完這些事情之後，她明白了，很多時候她的善意，她對他人的遷就，別人並沒有注意到，更不會為此感謝，甚至有人抓住這一點給她壓力。別人並不像她那麼在意身邊人的感受。如果有誰被打擾了，可以直說：「我在看電視，你可以去房間講電話嗎？」或者「我想睡了，麻煩你把電視轉小聲一點。」

沒有誰會因此覺得被冒犯。包括那位總挑剔她新衣服的室友，之所以對她評頭論足，是因為只有她會在意、又不好意思反駁。另外兩位室友會直接回答：「我很喜歡啊！」或者半開玩笑說：「我穿什麼，關你什麼事啊。」

我再講一個經典的案例，你看完之後，很可能會心一笑。

這是一對情侶同一天的日記。

女生的日記寫著：

昨天晚上，他真的非常古怪。我們本來約好一起去一家餐廳吃晚飯。我白天和我好朋友先去購物，結果到那裡就晚了一會兒，可能是因為這樣他就不高興了。

他一直不理我，氣氛超僵的。後來，我主動讓步，說我們好好地溝通一下吧。他雖然同意了，還是繼續沉默著，一副無精打采、心不在焉的樣子。我問他到底怎麼了，他只說「沒事」。

我就問他，是不是我惹他生氣了。他說不關我的事，要我不要管。在回家的路上我跟他說我愛他。但是他只是繼續開車，一點反應也沒有。我真的不明白，我不知道他為什麼不回「我也愛妳」。

到家的時候，我感覺我可能就要失去他了，因為他已經不想跟我有任何交流了，也不想理我了。他坐在客廳裡什麼也不說，就只是悶著頭看電視、發呆，整個人無精打采的樣子。

後來，我只好自己先去睡了。半小時之後，他才爬上床，今天他一直都在想別的事。他的心思根本不在我這裡！我好心痛。

我決定跟他好好談一談，但是他居然睡著了！

我只好躺在他身邊默默流淚。我現在非常確定，他肯定是有別的女人了。我的天塌下來了。天哪！我真不知道我活著還有什麼意義。

男孩的日記則寫著：

氣死我了！

今天的球賽義大利隊居然輸了！

我完全沒心情和女朋友說話了。

27 — 我們是自己命運的巫師

改變自己很痛苦，但不改變就吃苦。
斬斷自己的退路，才能贏得出路。

世界如何，取決於我們怎麼去看。中國明朝思想家王陽明說：「聖人之道，吾性自足。」也是同一個道理。每個人的人生都只能自給自足，也完全可以自給自足。我們不是父母的續篇，也不是子女的前傳，更不是朋友的番外篇。我們彼此確實有交集，但交集並不意味著別人的生活就是我們的生活。

我認識一個女孩，不滿於自己的生活現狀，不知聽信了誰的推薦，她花了人民幣幾萬元去聽了各種的培訓課，然後得意揚揚地來告訴我：「某大師說，父母是我的福根，如果我對他們好，我就有福報……」

我聽了不知道如何回答。如果把孝順父母當作換取福報的條件，那麼這樣的孝是交易，而不是真正意義上的孝。我本來想告訴她真正可靠的知識，好讓她有一點獨立思考的意識，但是她又滔滔不絕地講起姻緣，可能她連姻緣是什麼都不知道。看著她偏執的樣子，我放棄了自己的想法。我說了她未必願意聽，聽了未必懂，懂了未必願意相信。只要她還是一心向外尋求改變自己現狀的方法，她就會拒絕承認，父母有父母的人生，我們有我們的人生。

在真相未被揭露之前，我們看到的不過是生活被誤讀的某些片斷。人生的有限和生命的無限不循環，讓我們奢求在最短暫的時間裡獲得最大的利益和快樂，所以，滾滾紅塵便上演了一幕幕悲喜的人生大戲……

遭遇一件事時，你怎麼看決定了你會成為什麼樣的人。有一個男人，他活得艱難而無知，娶了一個不懂得說話技巧的勤勞女人。在他幼年時，父親得病去世了，母親是一個舊時代的普通婦女，沒有人教他該如何去爭取幸福，所以他一味地從外界尋求價值。當他面臨生存危機的時候，他不是想著怎麼去化解，而是固執認為這一切都是天意弄人，而打老婆變成了他彰顯自我存在感的慣用伎倆；需要真實勇氣面對現實世界的時候，他又唯唯諾諾、戰戰兢兢。

他活在自己的慣性思維裡，無奈地活著，被動地活著，從來沒有想過可以改變自己，擺脫困境。他在自己構建的世界裡受罪，卻指望別人提供他解脫的方法。這就好比一個囚徒，將自己反鎖在監獄裡，然後指望外面有人開門解救他，有可能嗎？

對總想借助外力解決問題的人來說，**改變自己很痛苦，但不改變自己會吃苦**。**害怕改變幾乎是我們每個人的心理疾病，慣性的心理模式讓我們感到安全**。而安全感讓我們感到舒適，讓我們想停留在舒適圈裡。而改變則意味著我們要走出心靈舒適區。

為什麼我們走出心靈舒適區那麼難？原因不外乎如下。

對改變的可能性有著不確定的恐懼。這一類的人多半意志薄弱，他們有自知之明，很清楚自己的弱點。比如，辦公室裡有很多這種，因為對改變恐懼，所以他們安於現狀，碌碌無為。任何工作都需要主管一而再交代，才勉強去完成，拖延是他們的常態，思維的惰性是他們的特點。歸根究柢，用拖延證明他們的無能為力。

有改變的結果不確定的恐懼。因為不知道改變的結果是不是自己想要的，出於保險意識，他們認為與其得到一個自己不想要的結果，不如安於現狀，至少他們已經適應了現狀。

儘管如此，我們還是要設法改變自己。人生中沒有什麼事是不能面對的。不走出去，永遠不知道自己可以走多遠；不去努力，永遠不會知道自己的能力。**也許，斬斷自己的退路，才能贏得更好的出路**。

出身不好、長相不好、學歷不好，都不是我們看輕自己的理由。生存環境不好不是我們的錯，活得不好才是我們的錯。要用隨時敢於拚搏的決心，撐起隨時敢做敢當的底氣。如果你在最璀璨的時刻都不敢拚一把，基本上等於白活一回。如果，你總是對自己那麼寬容，你總是對自己那麼仁慈，你總是對自己那麼善良，結果你就會活成那個連你自己都不滿意的自己。

你不知道你心中還有住了一個小孩，是你這個慈母一手造就了那個敗兒。慈悲多禍害，對自己狠心一點吧，不要害怕改變，沒有什麼惡果、苦果是自己真的無法承擔的。

我們理解中的改變世界，是一種全面掌握世界的操控欲。其實，我們每天都在改變世界。只是我們讓世界發生的改變，沒有達到自己期待的程度罷了。每個人都是組成社會的一分子，一個分子的一丁點變化，就會讓世界和之前不一樣。我們無法按自己的意志隨心所欲地操控世界，但我們可以為了讓世界變得更美好而改變自己。我們多想改變這個世界，就得先改變自己。

人生的價值與意義都是我們自己賦予，其他任何人強加予我們的都不是我們的人生，而是別人的人生。要想知道人生為何，只有問問我們自己的內心，心之所至，就是我們人生的方向，不要用別人的標準要求自己，否則我們永遠是舞台上的演員，用一生的時間去演繹別人。我們不必做操控世界的夢，但也永遠不要被他人操控，而是要為自己而活。

我們不能指望操控世界，但我們必須操控自己，而不是任自己的人生被他人操控。沒有一個人的存在，是為了完成別人的使命；沒有一個人的存在，是為了過別人的人生。我們每一個人與生俱來的本能是完成自己的使命，過自己的人生。所以，除了我們自己，沒有其他人有責任為了我們的意志而改變，也沒有其他人可以替我們而活。如果我們想做任何改變，請你記得是為了自己而改變。

我們是自己命運的巫師，你可以從以下幾點做起。

1. 學會自嘲。人際交往中，言語方式裡的自嘲，是與他人相處的好方式。

2. 學會思考。每一種讓自己不舒服的性格，都對應一個你內在本質的弱點，想清楚了，自然就知道如何去做。

3. 把心胸撐起來。做自己，不依賴環境，真正做自己才是真正的獨立。

我們可以構建一個想像中的世界，然後在現實中讓這個幻想實現。如果你整天想著你的不滿或痛苦，你的世界就會非常殘忍。如果你想的是綿延細密的感恩，那麼你的世界就充滿了快樂。我們所能擁有的不在未來，而在這個一直不斷消逝的現在。真正的幸福則是無論老天給什麼，我們都能報以享受和感恩之心時，才會真正的擁有。

生命有意義嗎？其實，原本沒有什麼意義，每一個人來到世間停留一段時光之後，又無奈地離去，各自在各自的生活裡燦爛，留下的也許是奉獻，也許是傷害。如果我們不能賦予生命意義，那麼生命就只是一個幻滅的過程；如果我們願意賦予生命意義，這段過程，對我們而言，才是有意義的。

既然人生就是一個過程，生命的逝去也是一種必然，不如好好地在這段有限的時光裡努力做點什麼。沒有永恆的存在，世界才如此千變萬化；沒有永恆的存在，生活才那麼多彩多姿。既然如此，又何必害怕改變呢？

28 — 你當堅強，而且善良

你沒有成為一個惡人，
那就是你內心最堅定的善良。

瑪莉．班尼是一位乖巧的小女孩。有一天她寫了一封信給《芝加哥論壇報》（*Chicago Tribune*），因為她實在不明白，為什麼她每天幫媽媽把烤好的甜餅端到餐桌上，得到的卻只是一句「好孩子」的誇獎，而那個什麼都不做、只知道搗亂的弟弟，得到的卻是一個甜餅的獎勵。

瑪莉在信裡提問：「請問上帝，這樣是公平的嗎？」

她得到的回答是：「上帝讓妳變成了一個好孩子，那就是對妳最好的獎賞。」

直到現在，也常會有人問，善良有什麼用？世界公平嗎？我是不是可以選擇不善良？基於同樣的道理，我想說的是，如果你的世界充滿冷漠，無法躲避的惡圍繞在你身邊，你需要的不僅是堅強，還有心懷善良。**因為你沒有成為一個惡人，那就是你內心最堅定的善良。這也正是你人生最大的福報。**

某天晚上，我下班回家，走至地鐵站安檢處時，一個看上去不到二十歲的小男生湊了上來，說：「請問一下……」

見他口氣猶豫，我心中一下子閃出無數個念頭來：這個男生，不是騙子就是想跟我要錢。他可能會說我有明星臉，拐我去某個地方，然後騙我掏錢付攝影費；他也可能掏出一塊亮晶晶的石頭，告訴我他從老家帶來了一塊好玉，現在他遇到困難了，想便宜賣了換現金；他還可能說他迷路了，要我幫忙帶路，然後再裝作錢包丟了，跟我要點路費。我還想說我應該一馬當先揭穿他的騙局，然後扭頭就走。

這樣無數個有邏輯又合乎常理的行為判斷與道德評價，瞬間在我心頭匯成了千言萬語，只要他使出任何一個伎倆，我就準備好毫不猶豫地拒絕，然後給他上一堂難忘的人生課，再瀟灑離去。

「我……想……想請問……」他看著我的眼睛，似乎感覺到了我的防備心，變得吞吞吐，聲音模糊不清。費了老大的勁我才聽明白，他問地鐵一號線怎麼走。

幹壞事的人通常就像這樣底氣不足，打著問路的名義行招謠撞騙的事我也見過不少。男孩的遲疑更加重了我的懷疑。我打量了這個小男生一眼，容貌還算清秀端正，我本來想回答他「不知道」，這樣省事省力。但見他怯生生的模樣，有一點可憐，我那時不好意思那麼凶，於是決定對他禮貌點。不過我對地鐵線路也不熟悉，加上當時腦子似乎短路了，竟然想了好久才回答。

「可以坐二號線去換車……」我說。

「那……怎麼……坐……」他結結巴巴的，這句話也說得好慢。也許是我臉上的不耐煩嚇著他了，以至於他看起來有點害怕。

這下子，我有點煩了。這人怎麼回事？說話這麼慢！但他好像也不是惡意騙人的傢伙，我感覺他可能有點口吃。這麼一想，我心中的敵意少了很多。搞清楚他想問的是坐到哪裡換乘了之後，我告訴他，坐二號線到復興門再轉換乘一號線。

他禮貌道了謝，在我轉身要走的時候，又叫住了我。我心想，看吧，果然不是簡單的問路！這下子狐狸尾巴要露出來了吧！我倒要看看你究竟要使什麼伎倆！

只見他一臉認真且結結巴巴地說：「妳是好人……心地很善良……」

我愣了一下。他眼神裡流露出來的真誠是那麼的純淨。

等我進站時，男孩已經消失在我的視野。不知道他是不是真的明白了二號線怎麼坐。我本來就近視，又不認識他，總之，看不見他了。這時，我心頭湧起一股強烈的內疚感。

我以懷疑的心去審視每一個人，總認為接近我的人都懷有某種目的。人家只是簡單求助，我卻聯想到自己聽說過的與經歷過的種種事件，來揣測他的意圖……我本以為自己深諳世故，能看淡一切，卻沒有做到包容。

你是不是和我一樣，每天都在不遺餘力地猜測別人的想法？**善良的人，雖然有各種各樣的疑慮，但是不妨礙他們依然是那個容易被信任的人**。比如，那個靦腆男孩向我求助，而不是來來往往的其他人。雖然別人對你的行為多方猜想，但是你也不會帶給他人傷害，就像我雖然多疑，但還是願意為一個陌生人稍停下匆忙的腳步。我想，這已經是人性的勝利了。而更重要的是，**別輕易被內心的疑慮打敗，你當堅強，而且保持善良**。

對境臨事時，我們心中難免不由自主地生起種種的情緒及聯想，會用以往的經驗做出各種的結論。結果深諳世故的人，會在猜測、揣摩他人的想法中惶惶不得安寧，最終卻發現其實世界並不像他認為的那般運轉。

比如，我上班精神恍惚時，恰好老闆路過，我見她一臉不高興的樣子，於是從她不高興的表情開始揣測：是不是我發呆被看見了？然後又想到自己好像有個工作做得不太好，於是更加重了疑慮，心想：想必她對我的工作非常不滿意，正在想怎麼罰我吧！帶著這樣的疑慮，我自然會惴惴不安。倘若我要是知道，老闆看起來不高興是因為她感冒了，身體有點不舒服，那麼我的猜測顯得多麼可笑！

又比如，在我得知老闆感冒之前，她發來訊息：「你過來我辦公室一下。」如果我當時心情好，之前的工作也沒什麼差錯，我會猜想老闆是不是有事找我商量；如果我心裡有鬼，加上工作拖延，我就會很糾結，覺得老闆即使不是要罵我，一定是要催進度了；如果我的狀態糟到了極點，我還可能直接就將這條訊息理解為：完了，終於要找我攤牌了！

我想了這麼多，而訊息其實只有幾個字罷了，什麼資訊也沒有傳達。結果，我認為老闆要責備我，她卻是希望和我商量另外一件事的可行性；我以為她要懲罰我，她卻跟我說我們要一起怎麼努力；我以為她已經對我絕望了，她卻對我表示了寬容和鼓勵。

不必總是猜測他人的想法。每個人經歷的事都不一樣，每個人的需求都不一樣，我們不能代替他人思考，也無法代替他人感受。同樣，別人也無法代替我們思考，也無法代替我們感受。

所以我們得明白：無論你懷抱多大的善意，仍然會遭遇惡意；無論你懷抱多深的真誠，仍然會遭到猜疑；無論你的姿態多麼柔軟，仍然要面對刻薄；無論你多麼安靜，只想做自己，仍然有人按照他們的期待要求你；無論你多麼勇敢地敞開自己，仍然有人虛偽地對待你。接納這個事實，也許你可以放下計較，活得比較從容。即使我們會被誤解、被曲解、被冤枉，但也可以放下一切的不安，讓內心篤定。

無論如何，你的人生由你書寫，而不是別人。善良不善良，也不是屈從於他人，而是堅守你自己的選擇。

29 — 不要像你不喜歡的人那樣生活

我們必須在適當的時候講道理，
在適當的時候做出反擊。

你有沒有試過期待後失望，再期待、又失望……之後，就不再那麼期待，也不再那麼失望了？於是你終於知道了，沒有期待就沒有失望，沒有羈絆就不會受傷。但是，事情往往不按著我們的預想發展，因為人的本能有著極強的慣性。

生命已是苦難，你為什麼還要把日子過得難上加難？也許有人說，我也不想這樣過日子，但不知道為什麼還是把日子過成了這個樣子。這是因為當我們的本能反應模式發生問題時，就會用自己不喜歡的方式，把生活過成自己不喜歡的樣子。

我將這樣的本能反應模式分為兩種。一種是簡單粗暴的直接反應，姑且稱之為感性本能；一種是「總是想太多」的理性反應，又稱為理性本能。很多時候，我們用的是感性本能，但這個本能過於機械化，並不能「具體情況具體分析」。

所以，當我們沒有馴化好感性本能時，我們會衝動；沒有馴化好理性本能時，我們會用委曲求全的方式，過著天天失望的生活。

比如，一條蜈蚣蜇了我，我打死了牠。對牠來說，我是力量較強者。如果有人踩了我一腳，我會很生氣，但頂多嘴上罵罵：「你是怎麼走路的，眼睛長在頭頂上啊？」透過比較我們不難發現：蜈蚣，力量較弱者，我不怕，所以可以直截就打死牠，以洩我被蜇之恨；踩我一腳的人，力量與我差不多，我沒有戰勝對方的把握，所以只能抱怨，不敢輕易攻擊。

若我不幸遇上一個持刀的人，一個力量更強的傢伙，我知道自己無法與他對抗，我若輕舉妄動的話，輕則受傷，重則丟了小命，所以我得想辦法化解這個危機，甚至我會問自己究竟做錯了什麼事，以至於他要如此攻擊我。如果這個原因是我能理解的，我會跟他解釋誤會；如果不是誤會，我可能會和他商量怎樣彌補過失⋯⋯

從我對弱者和強者的不同態度裡，可以看出我是一個「欺善怕惡」的人。這種欺善怕惡是一種良好的本能，它會讓我們在極端情況下迅速做出正確的行為判斷。我們不喜歡那些挑釁我們、令我們不愉快的弱者，會採取省事省心的處理方式，不用講什麼道理；面對我們根本無力對抗的強者，我們會努力化解危機，一切以滿足對方的需求為前提，也不用講道理，這樣省心。

但在這個「軟硬」之間，還有一個中間地帶是既不省事也不省心的，那就是力量和我們差不多的人。這時，在大多數情況下我們需要講道理，極少數的時候則需要反擊。

比如，一個長期遭受家暴的人，如果不敢正當防衛，就會一輩子深陷暴力傷害。如果被害者反擊個一兩次都沒有效果，我建議最好的方法是求助法律或離開對方。但是多數人選擇互暴粗口。在這個中間地帶裡，你我相互依賴，所以不能離開。你我的力量並無大的差異，誰都沒有能力占據絕對優勢，所以我們互相攻擊，從此冤冤相報，沒完沒了。

如果你攻擊的都是比自己弱的人，你只是欺善怕惡，這樣你還會覺得攻擊是理所當然的嗎？你生氣的是，雖然你攻擊的是比你弱小的人，但你也得到了同等程度的反擊，受到了同等程度的傷害。所以你不甘心，又繼續攻擊，想以暴制暴，於是你的世界都處於攻擊與反擊。

你的**以暴制暴不能解決問題**，這個方式用在與你能力差不多的人身上沒有作用，因為他們有能力反擊，不一定贏你，卻足以讓你受傷。你們相互傷害，唯一的結果就是兩敗俱傷。要避免這種後果是主動停止傷害，別人就不會再攻擊你。

我看過一個有內涵的策略遊戲。

在這個遊戲裡，A、B、C三人必須決鬥，三人分別站在邊長為一公尺的正三角形的頂點上，每人手裡拿著一把裝有一發子彈的槍，每個人都是神槍手。三人同時開槍，如果你是其中的一人，請問你要怎麼做，才能保證自己可以存活下來？

比如：A和B都打C，但如此一來，C必然反擊A和B，無論是誰，都只有一半的存活機會。

也許你還在想其他可行性策略，但正確的答案是，迅速放下槍。比如我是A，我放下了槍，我便不會對B和C造成傷害，能傷害他們的是有槍的人，所以他們要防備另一個人，而我則安然無恙。前提是我得主動放下槍。

我們想要不受傷，聰明的辦法是主動放棄攻擊。別人覺得你無害，就不會害你。這也是善良的人更容易被信任的原因。有意識地主動停止攻擊或進行本能性自衛反擊，來終止那個相互傷害的惡性循環。聰明的方法是建立對自身價值的正確認知，只有當自己特別認可自己時，我們才不會因為他人片面的判斷而懷疑自己的價值，不再因為一些無意識的自衛性反擊，傷害了他人而招致他人的傷害。

在人際關係方面，我們可以先以德報德，再慢慢過渡到以直報怨，最後做到以德報怨。理解了整個世界的你，會擁有堅不可摧的強大內心，從此自帶光環，讓感知到你善意的人，湧到你身邊來，把更多的善意回報給你。

30—有所缺憾，才能走向更完美

缺憾是一種暗示，
它在暗示你應當在此基礎上做更多的努力。

有一天，跟一個朋友聊天，他是一位培訓師。

那天，他很沮喪地說：「這次演講簡直糟糕透了。當我站在講台上的時候，感覺自己簡直愚蠢到了極點。我沒有自信、膽怯，覺得自己很笨拙。可是，班上其他成員看起準備得很充分，非常有自信。這時，我更加害怕自己缺點會暴露出來，講到後來我實在沒有勇氣再繼續下去，最後滿頭大汗地將那節課撐了過去。」

每個人大概都有類似的經歷，如果要面對公眾做一些事，便會擔心自己的缺點暴露人前，而且自己身上不太要緊的細節會記得非常詳細，以至於擔心、害怕不已。

為什麼大家老是把目光放在自己的缺點上呢？**一件事做不好，並不是因為你暴露了太多的缺點，而是沒有把優點發揮出來**。我們不應該老是盯著自己的缺點看，而不去發揮自己的優點。事實上，不管是普通人，還是在某領域有所建樹的成功人士，在他們身上以及成功的事情上，都存在著缺憾。

很多人常常將目光盯著自己的不足，在心中形成思維慣性。總認為自己有缺陷，這也不行，那也不行。久而久之，便失去了信心和創造力，沉浸在煩惱中無法自拔。

如果我們嘗試著做了一件有價值的事，卻遭遇了失敗，我們便為自己找各種藉口，這不就是在為自己的缺憾找藉口嗎？

缺憾，應當成為促使我們不斷向上的動力，而不是作為寬恕自己或自甘墮落的理由。**缺憾是一種暗示，它在暗示你在此基礎上應當做更多的努力**。

有一個乞丐來到一座庭院，向女主人乞討。這個乞丐的右手臂斷了，只剩下空空的袖子晃蕩著。可是女主人毫不客氣地指著門前的一堆磚塊，對乞丐說：「你幫我把這堆磚塊搬到屋子後面，我就給你二十元。」

乞丐生氣地說：「我只有一隻手，你還忍心叫我搬磚塊。不願給就不給，何必捉弄人呢？」女主人並不生氣，俯身搬起磚塊，她故意只用一隻手搬了一塊磚：「你看，並不是要兩隻手才能工作。眼睛別總盯著自己的不足，我能用一隻手搬磚，你為什麼不能呢？」

乞丐怔住了，他用異樣的目光看著眼前這位婦人。終於，他用唯一的手搬起磚來，整整搬了兩個小時才把磚塊搬完。他的頭髮被汗水濡溼了，貼在額頭上。

婦人遞給乞丐一條雪白的毛巾，又遞給乞丐二十元。乞丐接過錢，很感激地說：「謝謝妳。」

婦人說：「這是你自己憑力氣賺的工錢，不用謝我。」

乞丐說：「我不會忘記妳的，這條毛巾也留給我做個紀念吧。」說完，他深深地向婦人鞠了躬，就上路了。

若干年後，一個很體面的人來到這座庭院。他西裝革履，氣度不凡，美中不足的是這個人只有一隻左手，右邊的袖子空蕩蕩的。這人俯下身用一隻獨手拉住有些老態的女主人說：「當年如果沒有妳，我還是個乞丐，可是現在，我是一家公司的董事長了。」老婦人說：「你不用謝我，你應該謝的人是自己。你之所以成功，是因為你沒有因為不足而煩惱，也沒有把目光鎖在你的缺點上。」

一個人不可能只有缺點，即使是乞丐。人人都有優點，只是有些人不善於發現，將自身的優點掩埋在缺點之下。**我們要試著去挖開缺點的那層厚厚的土，找尋優點的根。**

有時候，人們一味讓自己躲藏在困難的背後，這是最不可取的態度。自卑感的滋生是因為我們動不動就被困難嚇倒。久而久之，也就沒有什麼敢做的事情了。

那麼，一個人應該在什麼時候坦然地面對自己的缺陷？如果你只有一條腿，你有必要勉為其難地要求自己做一名馬拉松運動員嗎？如果你沒有絕色出眾的容貌，也沒必要一定要參加選美大賽。

如果你在某些方面存在著不可更改的缺陷，就沒有必要和自己較勁，爭強好勝地拿自己的缺陷和別人的優勢比較。一個矮小的人想炫耀自己的體格，這是一件多麼愚蠢的事情。一個粗魯的婦人要勉強扮出嬌羞模樣、東施效顰，這是多麼可笑的事情。

同樣地，勇於承認自己在演說方面的缺陷，正是富蘭克林之所以能夠成為偉大人物的原因之一。

他說：「我是一個很糟糕的演講家。雖然我能順利的表達意思，但是我不善於以言辭動人，在用字遣詞方面，我常常要思考很久，也很難做到用詞得當。」

但是這並沒有讓他氣餒，為了彌補自己演說上的弱點，使別人信服，他採取了另一種辦法。他會用緩和的語氣提出議案，在保持平和的意見時，還能主動承認自己的不足。他明白，僅僅靠巧妙的言語很難得到勝利，反而正是他的弱點帶給他獲取支持的寶貴經驗。

第 6 章

可以替人著想，但要為自己活

人生最遺憾的莫過於，
輕易地放棄了不該放棄的，
固執地堅持了不該堅持的。

31 何必用疲憊的身心來取悅別人

傷害你的人從沒想過是為了讓你成長而傷害你，
真正讓你成長的是你的痛苦與反思。

我記得曾經看過這樣一段話：「不可以做朋友，因為彼此傷害過；不可以當敵人，因為曾經深愛過！」雖然我始終對這句話的邏輯抱持著懷疑的態度，但是我卻承認它確實對應了許多的現象。曾經多少有情人，最後只能做最熟悉的陌生人。

沒有一種愛是以傷害為目的，但是有很多的愛是以互相傷害為結局。很多時候，我們常常以為，對一個人的期待是愛，照顧一個人的生活是愛。所以，我們不斷對某人產生期待，不斷要求他按照我們想要的方式去活；更多時候，為了強化我們的愛，就去做一些以為愛對方的事情，用身心俱疲的方式去取悅對方。

誠然，這也是愛的一種方式，但這種方式只是我們想給的。我們並不確定這種愛是否是對方想要的，甚至是否能感受得到。

情感需求的錯位，在父母和孩子的關係中最為典型。地鐵裡，一個滿頭大汗的孩子坐了下來，他想脫衣服，但是他母親生怕他著涼，於是拚命阻止他。雖然孩子一再說熱，可是固執的母親卻說自己穿那麼多件都不熱，所以他也不會熱。而且大家都沒有脫外套，所以他也不可以脫外套。

這位母親無視孩子滿頭大汗的事實，只按照自己的方式強硬地表達對孩子的愛。多麼可憐的孩子啊！他受不了母親的壓制終於哭了起來，一邊哭一邊開始脫衣服。母親好說歹說，孩子就是不聽，她止不住怒吼：「你不知道脫掉衣服會著涼嗎？」她為自己的一片愛護之心不被孩子理解而生氣。

這位母親沒有想過，孩子有自己最真實的感受。一路走到地鐵，他自然會熱。母親雖然關心兒子，但她其實是出於害怕，害怕孩子著涼這件事，她只滿足了自己的需求，而不是滿足孩子的需求。

父母若愛孩子，就不要讓他按我們想要的方式來活，而是在盡可能保護孩子安全的情況下，讓他成為他自己。這樣，他才會快樂。否則，我們的愛不是愛，而是打著愛的名義，讓愛變成一種傷害。於是你的蜜糖，變成了對方的砒霜。

這樣的情形，在戀人之間也很常見，你一味取悅他，甚至為他付出一切，拚命要讓他高興，結果往往身心俱疲，然而事情卻沒能朝你預想的方向發展。你以為自己付出了對方就應該如何如何，其實是你沒有明白，**這個世界是一個或然率的世界，只有願意不願意，沒有所謂的應該不應該**。

每一個人能決定的只有自己的行為。你選擇在家做主婦、出門做貴婦，不是男友或老公愛妳、疼妳、給妳錢花的理由。同樣，男友或老公愛妳、疼妳、給妳錢花，也不是妳必須要在家做主婦、出門做貴婦的理由。

我們的意志不受他人支配，我們也沒有資格支配任何人。如果有需要別人滿足的欲求，我們只能與他人協商以達成合作。我們不能期望對方「應該知道」自己需要的是梨子，所以在我們已經給了對方蘋果的時候，對方就應該回報我們以梨子。

人生的殘忍之處在於，我們只能在有限的選項裡進行選擇，並且承擔任何變數可能帶來的後果。選擇了，就得承擔，如此而已。

曾經有一名女士向我訴苦說，當年男友太窮，所以她選擇分手，嫁給了一個富人。不料婚後她發現丈夫生性頑劣，不僅喜歡尋花問柳，還時不時對她拳腳相向。由於自己沒有獨立生活能力，所以沒有勇氣選擇離開，日子過得苦不堪言，每天想辦法討好丈夫，生怕哪一點沒做好引起他的不快。然後，她得知前男友後來也結了婚，沒過幾年，因為他勤奮機靈，生意越做越大，竟成了當地少有的富戶，比她夫家還要有錢。她很為當初的選擇後悔。

我只能勸她，請她明白，任何事情都有任何可能。前男友離開她發達了，這是一種可能；對方也可能遇上災禍，殘疾或死去。若那樣的話，她是否要慶倖當初沒有嫁給對方？正如她嫁給富家公子，也有很多可能。對方愛她、惜她是一種可能，對方不尊重她、看不起她、對她拳腳相向，也是一種可能。**一切都是個人選擇的結果。而她之所以痛苦，是因為她將所有的依靠建立在外界的給予，而非內在的追求。**

《智慧書》（*The Art of Worldly Wisdom*）裡講得非常好：「當你談論自己時，若不是為虛榮而自誇，就是因為自卑而自責，你會失去對自己的正確判斷，也會為他人所不齒。」

我想，所有關係中已經得知自己處於不對等地位的人，都應該好好思考一個問題，那就是你是否看清了在這段關係裡彼此想要的究竟是什麼。不然，請你停止用疲憊的身心取悅他人，**別讓你的愛成為傷害，也別讓他人以愛的名義來傷害你。**

做你自己，最好！因為傷害你的人從沒想過是為了讓你成長而傷害你，真正讓你成長的是你的痛苦與反思。而經歷本身也並沒有任何正面意義，讓它變得有意義的是你的堅強。

32 做人要懂得留一點愛給自己

你可以不成功，但你不能不成長。
最後最好的狀態是，你懂得如何愛自己。

支撐偉大的，往往是那些不為人知的困難、艱苦、掙扎等瑣碎的細節。正如，遠征之路看上去宏偉、美好、蜿蜒迤邐，那一路塵沙氤氳，揚起的似乎是如詩般瑰麗浪漫、如畫般色彩斑斕的前程，腳下所踩的是大地母親支撐我們追求理想的黃土，遠處還有豔陽，還有彩虹。

但是當我們走上這段路之後才發現，每一步路都要我們身體力行用腳去丈量，於是蜿蜒迤邐變成了崎嶇坎坷，塵沙氤氳變成了風塵僕僕，黃土變成了滿路泥濘，豔陽雖好卻酷熱難耐，彩虹不知道會出現在遠方何處，結果只留下風吹雨打的真實，不斷地抽著我們耳光。

直到這時，我們才算明白了一條真理，那些看上去波瀾壯闊的美好，實際上卻意味著背後可能有你看不見的大起大落。我們根本沒有想像中那般強大，我們也改變不了世界。「一開始，我們都相信，厲害的是自己；最後，我們無力看清，強悍的是命運。」

有那麼些年，我們都不知道人生的意義是什麼，不知道自己活著是為了什麼，也不知道如何才能在一片迷茫中，找出屬於自己的那條路。

我相信不管是誰，都有過這樣一段迷惘的時光。我們總是想倚靠少少的努力就改變整個世界，我們終將發現生活本身是一個簡單又複雜的矛盾綜合體，它根本不可能說改變就能改變。那時，我們開始反省自己，然後承認被打敗了，但是我們依然不想接受被生活打敗的現實。

如果人生是用來被生活打敗的，我們為什麼還要苦苦努力？因此，你進入了迷惘期。**年輕時候的迷惘是一件好事**。它意味著，我們走出了父母的庇護，不再用父母的價值觀、世界觀和人生觀來看待問題，不再以滿足父母的期望為生活的意義，我們有了獨立思考的意識，有了想弄清自己和世界的願望。**迷惘一陣子也是一件好事，至少說明我們還有追求，還對生命的意義有追問。**只要我們不懈努力，在錯誤中、在痛苦中反省自己，總還能找到屬於自己的那條路。

曾經有一個人，他身材矮小，樣貌醜陋，學歷也不高，畢業找工作的時候，被很多公司拒之門外。於是，他在自己心裡變成了一個無用的人，他沒有信心去應徵，只能靠政府的救濟金度日。

時值美國經濟大蕭條，上千名示威者聚集在美國紐約曼哈頓街口，他們高舉著標語，要求政府將更多的資源投入保障民生的專案。他參與了這場運動，連續兩週每天到曼哈頓參加抗議活動，希望借此改變自己的狀況。到了第三週，他甚至對父母說，他要帶帳篷長期堅守在那裡進行抗議活動。

父親聽了之後叫住了他：「你懂得維護自己的權益是值得肯定的，但是你忽視了一個關鍵。」

「我忽視了什麼？」

「抗議不會從根本上快速改變你的現狀。你現在的狀況僅僅是社會分配不公引起的嗎？」父親問：「在就業問題上，你採取了積極的態度嗎？」

年輕人沉默了。

「老闆總會追求利潤，政治家要手腕，金融風暴來襲，全球經濟發展漸緩，很多老闆就是喜歡聰明而有才氣的人……世界就是這樣在運轉，這很難改變。」

「那我該怎麼辦？」他問。

「孩子，振作起來，先做好自己再說吧。」

在父親的鼓勵下，他開始去找工作。很快地，一家影視公司看上他，請他做類型演員。後來，他成了美國西部當紅的喜劇明星。

他的故事告訴我們，**你可以不成功，但你不能不成長**。**也許有人會阻礙你成功，但沒有人會阻擋你成長**。最後能成就我們的並不是命運，而是我們自己。在任何一段關係當中，我們不僅要以善待人，更要善待自己。這是生活的智慧。

家住美國德州的麗茲．維拉斯奎茲（Lizzie Velasquez），出生時就被發現得了一種極其罕見的怪病：她的身體無法儲存脂肪——得這種怪病的包括她在內，全球只有三個人。更糟的是，四歲時，她的一隻眼睛開始從褐色變成藍色，經過醫生診斷後才發現，她的這隻眼睛已經失明了。在父母的精心照顧下，她艱難地活了下來。

她每天不得不吃很多頓飯，每隔十幾分鐘就要吃一餐。即使這樣，直到二十多歲，她的身高也只有一百五十七公分，體重只有二十五公斤，相當於一個美國八歲女童的體重。因為身體的脂肪近乎為零，她的體型乾癟，被人嘲笑為「骷髏女孩」。

十七歲那年，她瀏覽網頁時，意外發現 YouTube 影片《世上最醜的女人》，原來有好事之徒悄悄地將她拍攝下來上傳到網路上。更令人傷心的是，影片的點擊率竟然超過四百萬次。無數網民在視頻的評論中釋放語言暴力，甚至有人要她自殺離開這個世界……

可是她並沒有退縮，反而選擇勇敢站出來迎擊這一切。儘管她骨瘦如柴、身體多病，還是積極參加學校的各種活動，並成為啦啦隊的隊員。後來，她決定將自己的親身經歷為弱勢群體爭取點什麼。於是，她拍攝了一部關於自己成長的紀錄片並開始到處演講。結果她的故事一下子風靡中國全網，激勵了很多因為自卑而自暴自棄的年輕人，她出版了講述自己生命經歷的書，甚至在參與反欺凌的立法工作中，成功遊說國會議員。

被千萬人譏笑的麗茲，是怎麼走出人生的低谷找回了自信的呢？在幾年之前，麗茲寫了一個「愛自己」清單，她在清單上寫下了所有的優點，無論是身體上的，還是性格上的。她把清單貼在浴室的鏡子上，以便每天都能看到它，直到自己相信這些文字。每次她質疑自己的時候，首先會想到這個清單，想起「我的確有可愛的地方」。慢慢地，她不再困擾於別人的質疑。

「你必須完全自信地意識到愛自己就足夠了，」麗茲說：「你不需要用別人的標準來衡量自己，你不需要像別人一樣胖或者一樣瘦，不需要拿自己和別人比較。你需要的只是做自己。每個人都是無可替代的，每個人都有可愛的地方。」

什麼事情都需要一個過程，你應該堅強地面對一切，但你也有權不委曲自己，到最後達到的最好狀態大概是，你懂得了如何愛自己。那時，你不再犧牲所有的時間和精力，去打拚別人眼中輝煌的未來，而是在當下努力去做自己喜歡做的和有趣的事情，讓自己的內心充盈著喜悅，讓現在的每一天，都以自己喜愛的方式度過。

成長的道路是用接踵而來的心靈掙扎，和無數次淚流滿面後的覺悟鋪就。其中，有蛻殼的痛，有忍受不被理解、不被接受，不斷砍掉自己身上刺的痛。天下唯一能不勞而獲的東西是貧窮，沒有一種苦難不是成長的營養素，也沒有一種成長不是在告訴我們，你可以過得更好。

33 無畏付出，不無謂付出

人生最遺憾的，
莫過於輕易地放棄了不該放棄的，
固執地堅持了不該堅持的。

年輕的男女們，你們是不是都有過這樣的感覺：談了戀愛，心情極纏綿，思念中夾著怨嗔，急切中帶著羞怯，甜蜜中藏著苦惱。而對方卻又很難體察你的情緒奧祕，因為缺乏細心與耐心，或是諸事繁雜，既不能及時回應你愛的需求，也不能天天陪著你，於是你動不動就懷疑：「他是不是不想理我了？」動不動就想問：「你是不是不喜歡我了？」

然後，你開始無理取鬧，非要逼問出一個清楚明白，或你隱忍著不去打擾對方，卻常常忍不到一天就崩潰了。理性一點的人或許能堅持得更久些，但沒幾個能做到一兩個月都不問對方究竟還愛不愛我，究竟有多愛我。然後在得到一點點口頭上的保證之後，便可以幸福半天。也許半天之後，又要開始追問了。

若是他回應熱烈，你便天天心花怒放。若是他回應不熱烈，你馬上又進入自我否定思維：我要是長得再好看一點，他可能就更在乎了；我要是沒有什麼戀愛史，他可能就更在乎我了。結果，往往讓自己陷入更深的煩惱，每天問著自己：「我那麼愛他，為什麼……」

有一些人動不動就怨天尤人：「我為他付出了一切，為什麼他要這樣對我？」這些付出者並不知道自己的付出是不是人家想要的，也不知道這種付出並沒有回報協議，別人可以接受，也是一個願打一個願挨。

這種所謂的付出不好量化，付出者往往高估了自己的付出，而接受者則低估了自己所得到的。一個漫天要價，一個就地還錢，恐怕沒多少人覺得自己只付出了一點點，卻得到了更多。

多少人格不獨立的婆婆，打著照顧孩子的名義，而強行和兒子媳婦住在一起，弄得小家庭雞飛狗跳；多少索求無度的孩子，毀了父母的晚年生活！如果我們真的閒極無聊，請尋找適合自己的休閒和娛樂活動，不要去摻和孩子的生活；如果我們真的羨慕別人的富有安逸，請尋找適合自己的事業和工作，不要去折騰父母。

我們不能一味付出為孩子撐起他的人生，也不能等父母或另一半為自己的人生付出。為孩子付出，會讓孩子失去獨立生活的能力；等著父母的付出，我們就無法成長。

從本質上來說，等著別人付出的人面對生活往往有許多恐懼，因而膽小、懦弱，沒有承擔力，他們會輕易將自己交出，讓他人掌控自己的人生。如果我們總想為他人付出，便可能失去自我，淪為一個不斷幫別人收拾爛攤子的濫好人。

同樣地，我們不能靠付出來成就伴侶的人生，也不能為朋友或家人無謂地付出自己的人生。多少女人因為輕易交出自己，等待一個男人一輩子，無謂地付出了自己的青春，得到的卻是始亂終棄。又有多少男人執著地為愛人付出，然後理直氣壯地控制愛人的生活，一步步把她逼上了背棄之路！

每一個人都只能為自己的人生負責，我們所做的每一件事，都得承擔它可能帶來的結果。**無謂的付出在別人看來如果只是負累，我們又如何能期待得到相對的回報？我們不畏付出，但不無謂付出。**

摒棄為他人付出來換取尊重和回報的意識，其實就是要求我們接納別人與自己的不同，尊重彼此的獨立；摒棄要求他人為我們付出的思想，其實就是減少我們對他人的依賴，不再覺得別人為我們付出是「應該的」，更有助於在彼此的關係中獲得感恩之情。

34 做自己，別讓世界改變你

人可以死在自己的夢裡，
但不能死在別人的嘴裡！

有人說，別人潑在你身上的冷水，你應該燒開了潑回去。但是善良的人，回答則不一樣：「我願意做一個像石灰的人，別人潑冷水，人生越沸騰！」

生活中常有這樣的人，無論你做什麼，他都喜歡給你潑冷水，都覺得不行、不好、行不通，但他自己去做，卻什麼都做不好。也許濫用語言暴力是他證明存在感的手段，所以他時時都在傷害別人，然後也被別人的反擊傷害著。

我參加一個專案研討會，看到兩個同事極為用心做了幾個企劃案。若我們從他們考察市場的角度和企劃的費心費力度來看，便會承認那些都是應該被尊重的勞動成果，即使它們可能還不夠完美，可能還需要繼續加強。但是，卻有些同事，完全不看人家提案的內容，不看人家在市場分析上花費的功夫，連企劃內容是什麼都沒有認真看，便開始各種批評。

連小河都沒見過的人，卻擺出一副曾經滄海的姿態。那些批判聽起來那麼牽強附會，毫無邏輯。我真的很想說，人家努力去思考、去企劃，去發表了，儘管它可能不合適，但拜託各位同事大大，你們好歹先弄清楚提案人的意圖，看一下人家的方案再批判，好嗎？

看著那些認真思考過、認真做事的同事，我心裡真不是滋味。我不是說討論一個重大企劃時，與會的人不可以發表意見，而是說我們發表意見時，不要帶著情緒和個人好惡的標準去評判。一個從來沒有吃過蜂蜜的人，是沒有資格說什麼樣的蜂蜜才好吃，也不能因為自己不喜歡蜂蜜，就武斷地認為蜂蜜沒有市場。

有很長一段時間，我都在想一個問題：為什麼我們總是那麼喜歡粗暴、簡單地否定他人，動不動就用偏激、甚至刻薄的話去傷害別人，而我們卻感覺自己非常有理？為什麼我們胡亂批判別人、傷害別人時沒有絲毫內疚感？產生這種自負心理最深層的原因是什麼？

很多事情，只有把它的前因後果徹底聯繫起來，我們才能看出最根本的問題。拿上述案例來說，判斷一個企劃案是否具有可行性，我們不能不看內容，而只憑匆匆掃過標題就全盤否定。

這裡有兩個很重要的行為暴露出了其根本心理：不看內容——因為那是別人的企劃，隱蔽心理是把不想關心別人當成對別人的企劃沒興趣；全盤否定——不想為別人的企劃費心判斷，其隱蔽心理主要是不想去肯定別人的價值，所以全盤否定，一來比較省事，二來顯得自己有價值。

我想說，**如果有人看不起你，不是因為他真的比你強，而是他不想去發現你的價值**。每一個人都只關心自己的價值，所以我們才會產生那些莫名其妙的自負心理。一個人之所以驕傲，之所以看不起人，只不過是漠視他人的價值，眼裡只看得見自己，和個人能力無關，和我們被看不起也無關。別把他人的冷漠，與自己的無能畫上等號。

別人的評價與我們的實際價值無關。人生命運的真相就是，命運一半在你手裡，另一半在上天手裡，你要用自己手裡的一半去贏得上天手中的另一半。悲觀失望、抱怨命運的時候，不要忘了你的手裡握有一半的命運。得意忘形、志得意滿的時候，不要忘了另一半的命運在上天手裡。我們都要與他人合作，所有要求你關心的人，都和你有關。

當然，別人的自私冷漠是一件你沒有辦法掌控的事，我們只能自己去感受世界，也只能知道自己最需要的是什麼。我們時時為自己的感受而奔忙，分不出多餘的時間去關心他人。

古希臘哲學家普羅泰格拉（Protagoras）說：「人是萬物的尺度。」我總覺得那句話的正確譯文是：「每一個人都以他自己的喜好作為判斷萬物的標準。」這也是沒有辦法的事，因為我們只能用自己的主觀感受去評價這個世界、去描述這個世界，得出只有自己才完全相信的結論。

由於天賦、生活環境的不同，每個人的認知能力都不一樣，所以每個人的自以為是都不同，所以才讓某些人那麼難以被他人認可。但這不是我們可以待人冷漠、粗暴的理由，我們不能只關注自己，還要關注和自己相關的一切。因為依賴彼此的相互合作，所以我們需要在意別人眼中的自己是什麼模樣；因為每個人的看法不一樣，所以我們不能太在意他人的看法。

我看過這樣的一句話：「**人可以死在自己的夢裡，但不能死在別人的嘴裡！**」

我非常贊同。我們之所以奮鬥，不是為了改變世界，而是為了不讓世界改變我們。我們能以讓自己舒服的方式行走在這個世界上，這就是我們應有的生活。

以世俗觀念來說，同事小李算是高攀了。出身農村的小李，嫁了一個有好幾棟房子的有錢人，幸福得不得了。私底下，大家都想向她請教馭夫之術。在我們的一再追問下，小李道出了祕密：「女人在婚姻裡，最主要的難題是面對婆婆。你不可以軟弱，軟弱就受一輩子氣；你不可以逞強，逞強會傷害心愛的丈夫。」

小李在老公大陳結婚時就明智地達成了以下協定：無論如何，大陳都要站在小李這邊；無論如何，小李都不會向大陳抱怨婆婆的刁難；無論婆婆怎麼抱怨小李的不是，大陳都不可以當真。

果然，富婆婆不是好惹的，結婚之前逼小李進行婚前財產公證，約定協議離婚要淨身出戶。結婚之後，雖然沒有和公婆一起住，但這個富婆婆總覺得小李耽誤了大陳的前程，所以每隔幾天就過去折騰小李。今天問小李一個月可以給多少生活費，明天又要求小李交出大陳的薪水單。

不過，小李心中正能量滿滿，面對婆婆的刁難，她總是會說：「媽，我上週六在百貨裡看見一套好好看的衣服，很適合您的氣質，週末我陪您去買。」或者說：「媽，我聽說您二十幾歲的時候美得像天仙一樣，很多男孩追您，週末您有空的話，可以跟我來說說您的故事嗎？」

婆婆正面交鋒中奈何小李不得，便開始向大陳告狀，今天說她給我臉色看啦、明天說她太自私啦之類的。大陳聽得多了不免嘀咕，他小心翼翼地問小李：「我媽沒找您麻煩吧？」小李說：「怎麼會，媽很好啦，上週我陪她買了好幾套衣服，這週我聽了她講自己的愛情史。你別跟媽媽說喔，媽媽長得真漂亮。我乾脆給她辦張健身卡，週末陪她健身，這樣她能穿更多漂亮的衣服！」大陳半信半疑跟母親核實，母親只好坦白交代了。然後，大陳又轉述了小李的話，母親心裡開始不好意思起來。

後來，因為一件事，母親明顯失理被大陳責怪，小李還說：「媽只是覺得她那種方式對我們最好，沒有想到可能不太適合我們。」叫大陳不要責備母親。慢慢地大陳發現，母親對小李的挑剔越來越少了。

小李沒有軟弱，也沒有逞強，而是綿裡藏針地解決了許多女性朋友的大難題。其實，**很多事不是我們做不到，而是我們放不低身段**。人心都是肉長的，婆婆也不難

「對付」。只要不因一時的矛盾而自亂陣腳、失去理智，就可以不讓衝突升級；只要學會打太極，就可以讓婆婆的力氣全打在棉花上。作為後輩的我們，應該學著理解婆婆在特殊環境下養成的不安全感，只要我們理解她們的心理需求，並恰當地去滿足這些需求，又怎麼會搞不定婆婆呢？

人與人之間唯一的衝突是價值觀的衝突，並沒有什麼難解的結，婆媳之間尤其如此。你若是不喜歡她做的飯，少吃幾口裝裝樣子，轉身出去悄悄買點喜歡吃的就好；你若是不喜歡聽她說的話，就左耳進右耳出，當自己是間歇性失聰就好；你若是不喜歡她教育孩子的方式，只要想想，那到底是她的親孫子，十個保姆也未必比她更值得放心。其實，很多事情都是這樣，只要你自己不覺得是問題，問題再大都不算是問題。

有時，幸福需要智慧拐點彎。或許，你會覺得那樣去遷就別人，你很委曲。憑什麼要你主動犧牲這麼多，去換取一份本來就應該得到的安寧？如果心懷這樣的計較，只能說明你內心的力量太弱小，還欠缺足夠的調適力。這世上總是主動的人得到的更多。

主動是一種能力，主動終止傷害更是一種能力。你若不去主動終止傷害，必然會面對日後沒完沒了的彼此傷害。多少家庭，不都是因為雙方沒有終止彼此傷害的惡性循環，才分崩離析？

天下沒有免費的午餐，世間也沒有不需要主動去追尋的幸福，你若沒有主動終止傷害的能力，也不會具備享受幸福的能力。當然，主動終止的過程很艱難，我們不可能今天說改，明天一下子就改了，中間必然會有強烈的掙扎、壓抑和不甘。但是只要我們慢慢去做，我們就能學會接納，學會調適內心的憤怒，成為一個可以主動終止傷害、享受幸福生活的人。

35 ── 我們活的都是自己的選擇

這一生太短了，我很自私，
不想僅僅過給別人看。
再微小的努力，
都會讓自己的人生變得更精采一點。

人生的路，靠自己一步步走。真正能保護你的，是你自己的選擇。反過來，真正能傷害你的，也是自己的選擇。

那天，和一個同事閒聊，不知怎麼就聊到了這樣的話題，然後她跟我講了一個故事。

我高中的時候在外地念書，本地學生有一個個小圈子，如果不融入，我會被孤立，所以我選擇委曲自己討好他們。可是不管我怎麼努力，就是有人看不慣，有人排擠你。

有一次，剛走進教室，我就發現有一個同學在翻我桌上的考卷，然後把我的考卷扔在地上。教室前面牆壁上黏了一張名單，那是我們的考試排名。我第一名，而她排在第二。後來，我連續幾次發現，她連同別人排擠我。每次考試完發考卷，不管我考得好不好，她總在背後諷刺我。而我裝作不知道，還想和她改善關係。後來，聽說老師在另一個班，拿我的作文當範文，她又到那個班的同學那裡，開始各種小動作，全是惡意中傷。現在回想起來，一個十幾歲的女孩子，為什麼會有這種惡，而那群念書也念得不錯的同學，怎麼也就相信了呢？

有一次，我走在路上，聽到後面有人說我壞話，我本想裝作沒聽到，但是大概是那一刻頓悟了吧，我居然轉過頭質問她們。然後她們落荒而逃，據說回到教室還哭了。

不知道為什麼，那一刻，我突然覺得開心。後來又到考試發考卷的時候，同班那個女生又故意跑來譏諷我，說老師偏心才給我高分。我拉住她跟她說：「我現在是第一名，聯考也會是，你再怎麼不喜歡我，也考不過我呀。」她就哭著跑了出去，好久之後才回教室。

我自然就又被孤立了，同學都說我欺負人。可是我突然就想通了，隨便你們吧，反正你們去上你們的大學，我會去上我的大學，那時你們就再也煩不到我了。

整個高三，只有我吃胖了。聯考完那天，老師突然叫住正準備跑出校門的我，看了我幾眼，淡淡地說：「妳變胖了。」雖然那樣的場景很有喜感，但是當時，我突然就哭了，原來都是憋住的。大概是我發現這個世界，你再努力也會有人不喜歡你吧。所以，那一刻我做了一個決定，這一生太短了，我很自私，不想只是過給他們看。

生活如同戰場，到處都有破滅的夢想、支離破碎的希望和殘缺的幻想。在生活的戰鬥中，很多人會傷痕累累，甚至會敗下陣來。然而，人終究活的是自己的選擇——**再微小的努力，都會讓自己的人生變得更精采一點**。

不將就的人從不顧影自憐，從不自怨自艾，對那些沒有遭遇苦難的幸運兒，也沒有絲毫嫉妒之心。因為從生活的困苦中掙扎出來的人，擁有的是實實在在的生活。他們已滿飲生活這杯酒水，個中滋味自己深知。因為在年輕的時候，眼睛被淚水洗淨，所以有了廣闊的視野。

美國專欄作家桃樂絲·迪克斯（Dorothy Dix）說：「我比誰都相信努力奮鬥的

意義，甚至懂得焦慮和失望的意義。我不會傷感，不為昔日的煩惱流淚。生活的艱難，讓我徹底接觸到了生活的方方面面。」

桃樂絲命運多舛，年輕時不但貧困，還患有嚴重的疾病。當人們問她是如何度過難關、成為著名的專欄作家時，她給了非常精采的回答。

度過了昨天，就能熬過今天，我不允許自己去猜測明天將會發生什麼事。我也學會了不要對他人產生過高的期望，這樣一來，無論是朋友對我不忠，還是有些閒言碎語，我都一笑置之，並且繼續與他們保持交往。除此之外，我還學會了幽默，因為令人哭笑不得的事情實在太多了。當一個女人遇到煩惱時，不僅不焦慮，反而能自我排解，那麼世界上就再也沒有任何不幸可以傷害她了。

對於人生的種種困苦，我從不覺得遺憾，因為透過那些困苦，我徹底瞭解了生活的每一面——這一點就值得我付出一切的代價。

要積極向上面對這個世界，絕不將就這個世界對你的吝嗇。與感傷相比，我們更需要積極奮鬥。唯有這樣，才能過好自己的生活。無論是你的生活、工作、學習，還是內心出了問題，都要相信自己能夠面對，這樣所有事情才會變得井然有序。

在那些困苦的環境中，人更能學會寶貴的人生哲學，這是那些生活在舒適環境的人所學不到的。一個經歷了極度不幸的人，面對服務生服侍不周，或是廚師做壞了一道菜的小事，都會毫不在意。

不將就的人，不會怨天尤人，他們比誰都清楚，這個世界是不完美的，既然如此，不妨迎接挑戰，努力奮鬥。他們會珍惜當下的每一天，因為命運再悲慘，他們都可以透過自己的努力，扭轉不利局面。

36 深諳世故卻不世故，才是成熟的善良

能被動接受現實，
也能主動堅守個人原則。
靜得下心，低得下頭。

有人問我，為什麼中國電視劇《歡樂頌》裡，樊勝美深諳人情世故卻混得那麼差，只能當一個辦公室老油條？

我想對於這個問題，我們先要稍微反思一下：我們認為的人情，站在另一個的角度是否還是人情？我們所說的深諳世故是不是就是萬事圓滑，或者忽略旁人的想法，按一貫的規則辦事？

前些日子，我從朋友那裡聽到了一個故事。我這位朋友與自己的大學同學相遇

了，多年不見，自然免不了一番噓寒問暖。在交談之後，她得知班上許多同學在事業上都取得了不小的成就。有的從政做了官，有的下海經商做了老闆，有的在公家機關裡挑大梁當主管。她猜想，這個同學一定也混得不錯，因為當年身為班長的他，學業優秀，說學逗唱樣樣精通，是一個極具才氣和能力的美男子。

但是這個同學聊到自己的現狀時，卻表示非常鬱悶。他畢業後奮鬥了十年，現在還是一個小職員，連他自己也覺得難以置信。以他的能力，無論在哪裡，應該都是數一數二的人物才對。最後，他把自己的落魄歸咎於上司排擠他、不惜人才。

我的朋友不禁同情起她的同學，他真是懷才不遇。

半年後的某天，我朋友去參加省外的一個專題研討，其中有一位正好是她那個失意同學的上司。兩個陌生人自然以兩人都熟識的朋友做為交談內容。那位上司說：「他的確是不可多得的人才，然而他太好表現，一方面處處鋒芒畢露、逞強好勝，什麼事都要摻和；另一方面又是一個好好先生，遇事情從來不直接表明態度，事不關己時又不分對錯誰也不得罪。儘管如此，我還是十分欣賞他的才幹，好幾次想找機會提拔他，遺憾的是，每次投票他的得票都是最低的，我也沒有辦法。」

這時，我的朋友才明白，同學不得志，不是輸在能力上，而是輸在他的驕傲，和看似深諳世故做事、卻不成熟。因為他的業務能力強又好勝，無意間讓許多一起工作的同事受了氣，大家因為自尊心受傷而產生自衛反擊情緒，所以他在部門內不受歡迎。他本性不壞，為人好，但遇到其他部門的事，本著與人為善的心態，又一味地附和他人，顯得很沒有原則，也沒留給別人好印象。

作為才子，作為一個意氣風發的青年，他自然有他自負的一面，又有他所謂「善良」的一面。隨著時間的推移之下，他給同事留下了一個世故又自大的形象，結果自然被大家排擠了。

不要覺得真的有那麼多人不懂人情世故，被歸在不懂人情世故裡的人當中，至少有一半只是不想玩這一套而已。**深刻明白煩瑣世事，卻依然懷有赤子之心，能被動接受現實，也能主動堅守個人原則。這才是一種完美而睿智的處世哲學。**

我忽然想起一位歷史名人，這人以恃才傲物著稱，也因此而死，你或許知道我說的是誰。沒錯，就是楊修。

東漢建安二十四年，在曹操和蜀軍僵持不下之時，曹軍的主簿楊修因為「雞肋事件」丟了性命，成了「聰明反被聰明誤」的典型例子。其實，曹操並不是一個小氣之人，就拿張繡來說，當年張繡發動兵變殺了曹操的兒子和愛將典韋，後來又投降曹操，還是得到了曹操的禮遇。曹操連殺子之仇都可以諒解，為什麼就不原諒楊修，非要殺之而後快？答案是，楊修聰明過了頭。

曹操請人造一座花園，造好之後，曹操去看了一下，然後在門上寫上了個「活」字就走了，結果是「人皆不曉其意」。楊修卻說：「門內添活字，乃闊字也。丞相嫌園門闊耳。」大家都不明白曹操在想什麼，楊修一眼就看懂了字的含意，並且很得意地把祕密告訴了別人。

曹操為了防止別人暗害他，便說自己夢中喜歡殺人，讓大家不要在他睡著時接近，並裝模作樣地殺死了一個替自己蓋被子的近侍。結果「人人皆以為曹操夢中殺人」，而又只有楊修瞭解曹操的意圖，並對別人說：「丞相非在夢中，君乃在夢中耳。」

曹操想考查兒子曹丕、曹植的臨機處事能力，故意讓兩人出城，卻在暗中吩咐門吏不讓兩人出城。結果，曹丕老老實實地退回來了，而曹植卻在楊修的指點之下，殺了門吏，得以成功出城。楊修又再次料到了曹操的意圖。

歷事無數，閱人無數，卻看不清自己。似乎聰明得能看穿一切，然而本質上卻不諳人情世故，這是楊修的取死之道。曹操手下有才華的人不可勝數，像郭嘉、程昱、荀彧、賈詡，哪一個不是濟世之才？為什麼他們沒有被曹操妒而殺之？他們的深諳世故是真正的豁達，他們的勸諫是真正的融通。

深諳世故卻不世故，靜得下心，低得下頭，這才是成熟的智慧。

生活裡，很多時候和善良聯繫在一起的是單純，而且在某些情況下，「你太單純了」，等於「你太善良了」。你常常看不到壞人設下的陷阱，你的善良總是被利用，不單純的人們喜歡你的單純，卻又不希望你一次又一次被欺騙。所以，你要明白這個世界的人情世故。

善良單純的人，給人簡單、真誠的感覺，容易被信任，雖然你的善良必須有點鋒芒，但也不能輕易施展自己的人情世故，否則你稍微走錯了一步，很可能更容易受傷。有些人會把算計和城府帶進生活和工作裡，有些人卻是對朋友、同事或戀人，永遠保持著真心，他們不是不懂人情世故，不是不能而是不為，這是大善的智慧。

英格蘭小說家大衛·米切爾（David Mitchell）在小說《雲圖》（*Cloud Atlas*）中，有這麼一段話：「**我們所做的任何事情，在人類宏大的歷史和空間的範圍裡，都是微**

不足道的。但正是這些不計其數的微小的善的信念，使得人性的種子即使在最險惡的環境中，仍能得以保存，經過時空的洗禮，在未來的某個時間、某個世界，放射出最耀眼的光輝。」

你、我，也正是這個世界成就自身偉大的要素之一，哪怕我們的善行看起來是那麼地微小。

HEART
心|視野　心視野系列 116

你的善良必須有點鋒芒【暢銷典藏版】

36 則讓你有態度、不委曲，深諳世故卻不世故的世道智慧

（隨書贈獨家授權「酷黑帆布袋」）

你的善良必须有点锋芒

作者	慕顏歌
封面設計	張天薪
內文排版	許貴華
出版二部總編輯	林俊安
出版者	采實文化事業股份有限公司
業務發行	張世明・林踏欣・林坤蓉・王貞玉
國際版權	鄒欣穎・施維真・王盈潔
印務採購	曾玉霞・謝素琴
會計行政	李韶婉・許俽瑀・張婕莛
法律顧問	第一國際法律事務所　余淑杏律師
電子信箱	acme@acmebook.com.tw
采實官網	www.acmebook.com.tw
采實臉書	www.facebook.com/acmebook01
ISBN	978-626-349-243-1
定價	450元
初版一刷	2023年5月
劃撥帳號	50148859
劃撥戶名	采實文化事業股份有限公司 104台北市中山區南京東路二段95號9樓 電話：(02)2511-9798 傳真：(02)2571-3298

國家圖書館出版品預行編目資料

你的善良必須有點鋒芒【暢銷典藏版】: 36 則讓你有態度、不委曲，深諳世故卻不世故的世道智慧（隨書贈獨家授權「酷黑帆布袋」）/ 慕顏歌著 . – 台北市：采實文化，2023.5

224 面；14.8×21 公分 . --（心視野系列；116）

譯自 : 你的善良必须有点锋芒

ISBN 978-626-349-243-1(精裝)

1.CST: 修身 2.CST: 生活指導

192.1　　112003195

本書繁體中文字版 由四川一覽文化傳播廣告有限公司 代理，

經 北京文通天下圖書有限公司 授權出版。

文化部部版台陸字第 112035 號，發行期間自 2023 年 3 月 27 日起至 2026 年 12 月 18 日止

采實出版集團
ACME PUBLISHING GROUP

HEART
心|視野

HEART
心|視野